# SUCESSO
## ou FRACASSO

Publicações RBC

# SUCESSO
## ou FRACASSO

### UMA JORNADA DE FÉ
### NO MUNDO MODERNO

*Sucesso ou Fracasso*
*Vivendo uma Jornada de Fé no Mundo Moderno*
© 2010 Ministérios RBC. Todos os direitos reservados.

Autores: Bill Crowder, David Roper
Coordenação de produção: Eduardo Lebedenco
Edição e revisão: Rita Rosário, Thaís Soler
Tradução: Zeli Pombeiro, Astrid Rodrigues, Cordélia Willik
Projeto gráfico: Audrey Novac Ribeiro
Imagem da capa: © *Comstock Images*

Dados Internacionais de Catalogação na Publicação (CIP)

---

Ministérios RBC
*Sucesso ou Fracasso — Vivendo uma Jornada de Fé no Mundo Moderno* por Bill Crowder, David Roper. Tradução de Zeli Pombeiro, Astrid Rodrigues, Cordélia Willik – Curitiba/PR, Brasil Publicações RBC.

Título original: *Succeeding or Failing*

1. Fé  2. Vida cristã  3. Homens  4. Personagens bíblicos

---

Proibida a reprodução total ou parcial, sem prévia autorização, por escrito, da editora.

Todos os direitos reservados e protegidos pela Lei 9.610, de 19/02/1998.

Exceto quando indicado no texto, os trechos bíblicos mencionados são da edição Revista e Atualizada de João Ferreira de Almeida © 1993 Sociedade Bíblica do Brasil.

**Publicações RBC**
Rua Nicarágua, 2128, Bacacheri, 82515-260, Curitiba/PR, Brasil
E-mail: vendas_brasil@rbc.org
Internet: www.publicacoesrbc.com.br • www.ministeriosrbc.org
Telefone: (41) 3257-4028

Código: RR300
ISBN: 978-1-60485-311-7

1.ª edição: 2010
5.ª impressão: 2014

*Impresso no Brasil • Printed in Brazil*

# SUMÁRIO

*Prefácio*     7

1. JONAS *por Bill Crowder*
   O fracasso do sucesso     9

2. JOSÉ *por Bill Crowder*
   Vencendo os desafios da vida     43

3. MOISÉS *por Bill Crowder*
   O preço da sua ira     75

4. MANASSÉS *por David Roper*
   Terminando bem     105

5. DAVI *por David Roper*
   Superando o fracasso moral     121

6. DANIEL *por Bill Crowder*
   A vida espiritual em uma cultura secular     141

7. SIMÃO PEDRO *por Bill Crowder*
   Uma pedra movida por Deus     175

*Conclusão*     209

# PREFÁCIO

A vida é um cesto de surpresas. Às vezes, ela contém tanta alegria que mal podemos compreender nem ao menos descrever. Em outros momentos, a decepção é tão forte em nós mesmos ou em outros, ainda em outras ocasiões quase sufocamos, pois a vida parece estar dominada por pressões. Ao adicionar a estes sentimentos as nossas próprias escolhas e decisões, enfrentamos situações que somos incapazes de aguentar por nossas próprias forças. Enfrentamos então, uma vida que exige que aprendamos as lições sobre como viver pela fé — que aprendamos a confiar em Deus.

No Antigo Testamento, o livro de Provérbios nos apresenta a sabedoria para todos os momentos da vida ao afirmar: "Confia no SENHOR de todo o teu coração e não te estribes no teu próprio entendimento. Reconhece-o em todos os teus caminhos, e ele endireitará as tuas veredas" (Provérbios 3:5-6).

É um lembrete simples, mas profundo, de que não somos adequados para enfrentar a sós as lutas que surgem neste mundo subjugado. No entanto, enquanto ainda estamos compreendendo esta ideia, seria bom se pudéssemos vê-la em prática na vida de outros. É de vital importância reconhecer a necessidade da orientação, direção e provisão de Deus em nossas vidas. Ao reconhecermos como a presença divina impactou a vida de outras pessoas quando enfrentaram os desafios diários, não somente teremos mais motivos para confiar em Deus, mas também aprenderemos como devemos agir.

Por essa razão leitor, neste livro nós o convidamos a caminhar conosco nesta jornada espiritual com pessoas que realmente existiram e desesperadamente necessitaram do amor de Deus. Faça esta caminhada com Jonas, José, Moisés, Manassés, Davi, Daniel e Simão Pedro, compartilhando com eles à medida que cada um vive a sua experiência de fé; fazendo escolhas corretas e incorretas, sendo vitoriosos e perdedores, enfrentando infortúnios e recebendo bênçãos. Temos a certeza de que ao caminharmos lado a lado, compreenderemos melhor o que significa caminhar com Deus.

—Os editores do *Nosso Andar Diário*

# 1

# JONAS

O FRACASSO DO SUCESSO

## UM FRACASSO BEM-SUCEDIDO

O FILME *APOLLO 13* RELATA A EXPERIÊNCIA real dos astronautas da NASA, Jim Lovell e sua tripulação. O propósito da missão era pousar na lua e explorá-la, mas uma explosão avariou a nave espacial e colocou em risco a vida dos tripulantes. Repentinamente, o objetivo da missão mudou: não era mais alunissar, mas salvar a vida dos três tripulantes. O controle da missão, em Houston, nos EUA, e os astronautas passaram os dias seguintes fazendo reparos de emergência na nave danificada. Por fim, a missão foi vista como um sucesso porque a tripulação retornou sã e salva. Mas também foi um fracasso porque a Apollo 13 não atingiu o alvo inicial que era o de pousar na lua. Foi um fracasso bem-sucedido.

O mesmo se pode dizer do profeta Jonas. O livro da Bíblia que leva o seu nome mostra que, apesar dos muitos fracassos pessoais de Jonas, Deus foi bem-sucedido em um resgate extraordinário.

Ironicamente, a profecia de Jonas muitas vezes é vista como uma parte do Antigo Testamento que reflete o coração de Deus para com as nações do mundo. No entanto Jonas, o homem, não merece esse crédito. Desde o início até o fim, ele relutou em participar na missão misericordiosa de Deus.

Em perspectiva mais ampla, vemos que o fracasso de Jonas em se preocupar com o povo de Nínive era um reflexo da atitude de seus compatriotas. Juntos, ele e toda a nação de Israel pareciam ignorar o fato de que algo terrivelmente errado acontecera com os ninivitas e que as suas vidas estavam em perigo. Essas pessoas, que estavam para morrer, eram os piores inimigos de Israel, e constituíam uma parte importante dessa história impressionante.

### Apresentando o profeta Jonas

O livro inicia dizendo: "Veio a palavra do Senhor a Jonas, filho de Amitai" (Jonas 1:1). Jonas em hebraico significa "pomba" e o identifica como filho de Amitai que significa "verdadeiro". Conforme 2 Reis 14:25, ele era de Gate-Hefer, uma vila situada a três quilômetros a nordeste de Nazaré. O livro de 2 Reis 14 também nos mostra que Jonas viveu durante o reinado de Jeroboão 793–753 a.C. Alguns creem que Jonas começou a pregar na época em que o profeta Eliseu estava concluindo o seu ministério.

Dois pontos serão de grande utilidade na compreensão das questões centrais deste livro.

1. O livro registra a missão de Jonas para Nínive, mas foi escrito para Israel, que odiava Nínive. Pelo fato de Deus usar Jonas para confrontar o ódio de Israel, a profecia de Jonas nos fala mais sobre racismo do que sobre missões.
2. Deus é o personagem principal deste livro — não Jonas! Deus tem a primeira e a última palavra. Ele rege todo o drama para mostrar Seu amor pelos inimigos de Israel. À medida que os eventos surpreendentes se desenrolam, não devemos nos ater aos seus elementos e no cenário. O Senhor Jeová é a figura central desta história e não Jonas.

É esse enfoque que pode trazer compreensão para a verdadeira mensagem de Jonas — "O Fracasso do Sucesso".

## O SUCESSO NO FRACASSO

Nos anos 1960, os Beatles gravaram uma antiga canção country: *Act Naturally* (Aja Naturalmente). O título nos lembra que existem algumas coisas que não precisamos aprender a fazer — nós as fazemos naturalmente.

Ao pensarmos sobre nossa inclinação para fugir de Deus esta atitude torna-se verdadeira. Diz-se que todos nós, precisamos aprender a obedecer, mas não precisamos ser ensinados a desobedecer. Desempenhar o papel de "fugitivos espirituais" é um instinto natural dos seres humanos decaídos.

### A preocupação de Jonas consigo mesmo à custa de outros (Jonas 1:1-16)

Ao sermos apresentados a Jonas, vemos como ele "age naturalmente" — ele se preocupa mais consigo mesmo, do que com Deus ou com os outros. Quando o Deus de Israel pede que Jonas leve uma mensagem de admoestação para outra nação, o profeta relutante corre em direção contrária. Vejamos o que estava acontecendo no coração de Jonas — e no coração de Deus.

#### O desejo de Deus (Jonas 1:1-2)

*Veio a palavra do Senhor a Jonas [...]. Dispõe-te, vai à grande cidade de Nínive (Jonas 1:1-2a).*

Nínive, fundada por Nimrod, se situava no lado leste do Rio Tigre, cerca de 880 quilômetros de Samaria, capital do Reino do Norte de Israel (Jonas precisaria caminhar de 24 a 32 quilômetros por dia para chegar em um mês). A cidade era grande e protegida por dois muros: um interno e outro externo. A muralha interior tinha 1,5 m de largura por 3 m de altura. Essa foi a época de maior glória da cidade de Nínive.

*Clama contra ela, porque a sua malícia subiu até mim (Jonas 1:2b).*

Observe que essa é uma mensagem de julgamento, e não de misericórdia. Deus iria julgar o povo de Nínive por sua maldade. Ele é o "Juiz de toda a terra" (Gênesis 18:25). Ele deve ser reconhecido como tal porque, mesmo sendo Salvador, é também Soberano.

Deus, como Juiz, enviou um mensageiro com uma mensagem de julgamento, mas Jonas se recusou em transmiti-la. Ao invés de aceitar sua tarefa de falar em nome de Deus, o profeta decidiu fugir.

## A deserção de Jonas (Jonas 1:3)
### *Para onde Jonas fugiu?*

*Jonas se dispôs, mas para fugir da presença do S<small>ENHOR</small>, para Társis (Jonas 1:3a).*

A resposta de Jonas à missão que Deus lhe incumbiu, foi o oposto da resposta de Isaías, que disse para o Senhor: "Eis-me aqui. Envia-me a mim!" (Isaías 6:8). Deus disse ao profeta que se levantasse e fosse e, de fato, ele foi — mas em direção oposta! Ele foi para Társis, situada a quatro mil quilômetros a oeste de Jope, na costa da Espanha. Jonas pensou que seria capaz de "fugir […] da presença do Senhor", o que era uma impossibilidade.

O Salmo 139 deixa claro que é impossível fugir da presença do Senhor. Mesmo assim, Jonas tentou o que Adão e Caim já haviam tentado antes dele — fugir da presença de Deus. Ele fugiu, em vez de obedecer a ordem do Senhor.

***Por que Jonas fugiu?*** Ele compreendeu o julgamento de Deus, mas também compreendeu Sua misericórdia. E, como veremos, Jonas não quis que Nínive, a capital de uma nação inimiga, fosse perdoada. Como Jonas conhecia a disposição de Deus em perdoar os pecados; quando há uma verdadeira transformação no coração, ele preferiu fugir em vez de falar aos ninivitas do julgamento que iria acontecer, pois não queria que eles escapassem da ira de Deus.

Ao longo dos anos, alguns tentaram desculpar a reação de Jonas. Disseram que as dificuldades da tarefa o desencorajaram, pois precisaria viajar um mês inteiro para chegar até o seu destino, e outros três dias para percorrer a cidade de ponta a ponta (Jonas 3:3).

Outros disseram que Jonas achou a tarefa muito perigosa. A maldade de Nínive era célebre nos tempos antigos, e muitas vezes os judeus a tinham experimentado em primeira mão (veja Naum 3:1-5).

Entretanto, na raiz da indisposição de Jonas em levar a mensagem de julgamento aos cidadãos de Nínive, estava o grande ódio que nutria por eles. Através da história eles provaram que eram inimigos de Israel. Eram vistos como torturadores cruéis, que como praga de gafanhotos atacava as nações rivais — destruindo e consumindo tudo.

Para Jonas ir a Nínive seria o equivalente moral de pedir a um judeu residente de Nova Iorque, ir para Berlim e dar aos nazistas a oportunidade de serem perdoados em pleno ano de 1940. A tensão racial foi tão intensa que Jonas, em lugar de obedecer, fugiu.

Esse profeta pródigo aprenderia o custo do ódio e o aprenderia da forma mais difícil. Frank Gaebelein escreveu:

> Em dias quando o preconceito e o ódio inflamam as emoções dos homens e pervertem os seus julgamentos,

Jonas fala com força convincente sobre limitarmos o nosso amor e compaixão somente para algumas pessoas, excluindo as outras da nossa piedade e compaixão *(Four Minor Prophets,* p.25 [Quatro Profetas Menores]).

É mais fácil odiar do que amar — algumas vezes podemos estar perigosamente pertos de criarmos uma Nínive própria.

Talvez as pessoas que moram em nossa própria "Nínive" sejam as pessoas que praticam o aborto, homossexualismo, são inimigos políticos, adeptos do ocultismo ou um grupo étnico com o qual nos sentimos desconfortáveis. A pergunta que temos que considerar honestamente é a seguinte: o nosso preconceito fará com que nos tornemos culpados pelo silêncio, como Jonas, ou vamos intencionalmente expressar o que está no coração do nosso Deus?

Jonas escolheu silenciar e odiar ao invés de obedecer e amar.

### Como Jonas fugiu?

*[Jonas] tendo descido a Jope, achou um navio que ia para Társis; pagou, pois, a sua passagem e embarcou nele, para ir com eles para Társis, para longe da presença do* SENHOR *(Jonas 1:3b).*

Os navios saíam de Jope para Társis apenas algumas vezes ao ano. Havia lugar para Jonas em um dos navios e assim ele pagou sua passagem, subiu a bordo e partiu em direção oeste.

Até aqui, Jonas poderia ter sentido segurança naquilo que estava fazendo, pois tudo estava dando certo, as peças estavam se encaixando, as circunstâncias da vida estavam confirmando o seu plano. No entanto, a triste realidade é que ele estava mais preocupado consigo mesmo do que com os outros. Como é fácil justificar nossos atos, especialmente quando temos o vento a nosso favor. Porém as circunstâncias, assim como o vento, podem mudar rapidamente.

## O desespero dos marinheiros (Jonas 1:4-9)
### *A reação de Deus (v.4)*

> *Mas o SENHOR lançou sobre o mar um forte vento, e fez-se no mar uma grande tempestade, e o navio estava a ponto de se despedaçar.*

A frase "Mas o SENHOR..." contrasta diretamente com a frase "Jonas se dispôs" no versículo anterior. O Senhor que chamou Jonas estava agora perseguindo o Seu servo rebelde.

O texto que diz que Deus *"lançou* sobre o ar um forte vento", no hebraico esta palavra equivale a *"encravar"* (é a mesma expressão usada em 1 Samuel 18:11 onde se diz que Saul *atirou* a sua lança em Davi). É um termo que descreve o vento assolando o mar com tamanha força, que ameaçava despedaçar o navio.

O resultado da ação divina foi "uma grande tempestade". Essa frase traz à nossa mente um contraste. Em Marcos 4, lemos que Jesus *acalmou* a tempestade no mar da Galiléia, mas aqui foi Ele quem a provocou! É interessante observar que os servos humanos de Deus (neste caso Jonas) podem desobedecê-lo, mas Seus servos na natureza (o vento e o mar) sempre lhe obedecem.

### *A reação dos marinheiros (v.5a)*

> *Então, os marinheiros, cheios de medo, clamavam cada um ao seu deus e lançavam ao mar a carga que estava no navio, para o aliviarem do peso dela.*

A desobediência de Jonas causou problemas não somente para ele, mas para todos os que estavam ao seu redor. Os marinheiros eram participantes inocentes (como a família de Acã descrita no livro de Josué 7). Eram homens simples, trabalhadores diligentes, que foram apanhados em meio à batalha de Jonas com Deus.

Qual foi a reação dos marinheiros? Foi tríplice:

Primeiro, tiveram uma resposta *emocional* — eles "se encheram de medo". Isto é notável porque esses velhos marujos tinham experiência com o mar Mediterrâneo, conheciam a natureza das tempestades, e sabiam que esta não era uma tempestade comum.

Segundo, eles tiveram uma resposta *espiritual* — "clamavam cada um ao seu deus".

Você pode criticá-los por suas "orações de emergência", mas todos a bordo oravam, exceto Jonas! Embora ele fosse, supostamente, um homem de Deus, agiu praticamente, como o único ateísta a bordo.

Terceiro, eles tiveram uma resposta *prática* — "lançavam ao mar a carga que estava no navio, para o aliviarem do peso dela." Estavam enfrentando a morte de forma tão iminente que o desejo de sobreviver superou a necessidade de gerar renda.

### *A atitude de Jonas (v.5b)*

*Jonas, porém, havia descido ao porão e se deitado; e dormia profundamente.*

Em meio à tempestade, enquanto havia um tremendo alvoroço no convés, Jonas dormia! Como isso era possível? Ele parecia estar em paz, mas sabemos que estava em conflito com Deus. Às vezes, afirmamos que o sentimento de paz é uma boa maneira para avaliar se determinada decisão é correta. Mas, muitas vezes, este barômetro espiritual pode ser uma autoilusão e não a paz de Deus. O comentarista Merrill Unger escreveu:

> [Jonas], em sua condição espiritual decaída, deitou e "dormiu profundamente", um resultado não de sua submissão e confiança em Deus, como no caso de nosso Senhor que dormiu em meio à tempestade no lago da Galileia (Marcos 4:37-39), mas de um entorpecimento espiritual produzido por uma consciência embotada.

### *A solução dos marinheiros (v.6-9)*
*Chegou-se a ele o mestre do navio e lhe disse: Que se passa contigo? Agarrado no sono? Levanta-te, invoca o teu deus; talvez, assim, esse deus se lembre de nós, para que não pereçamos (v.6).*

Em seu desespero, o capitão do navio acordou Jonas e lhe rogou que orasse. Que ironia, o pagão ter que pedir ao homem de Deus para orar!

Depois de tentar todo o possível, restou apenas uma explicação para os marinheiros — a tempestade significava a ira dos deuses contra alguém que estava a bordo. Note o que eles tentaram fazer a fim de encontrar uma solução para a situação desesperada na qual se encontravam:

*E diziam uns aos outros: Vinde, e lancemos sortes, para que saibamos por causa de quem nos sobreveio este mal. E lançaram sortes, e a sorte caiu sobre Jonas (v.7).*

Nos tempos antigos as pessoas às vezes usavam pedras coloridas para ajudá-las a discernir "a vontade dos deuses". Naquele caso funcionou e a sorte caiu sobre Jonas. O mesmo

Deus que controlou a tempestade também controlou a sorte (Provérbios 16:33).

> *Então, lhe disseram: Declara-nos, agora, por causa de quem nos sobreveio este mal. Que ocupação é a tua? Donde vens? Qual a tua terra? E de que povo és tu? (v.8).*

Com rapidez começaram a sondar Jonas com perguntas que consistiam basicamente em: quem é você e por que isto está acontecendo? Jonas respondeu:

> *Sou hebreu e temo ao SENHOR, o Deus do céu, que fez o mar e a terra (v.9).*

Bem, ele não falou toda a verdade, não é? Se Jonas realmente temesse a Deus, ele teria viajado em direção leste para Nínive, e não em direção oeste para Társis.

Creio que, quando Jonas identificou o seu Deus como aquele que "fez o mar", estava indicando que esse Deus era o responsável pela situação grave que estavam vivendo — e que Ele era a única solução para esse problema.

### A determinação de Jonas (v.10-14)

> *Então, os homens ficaram possuídos de grande temor e lhe disseram: Que é isto que fizeste! Pois sabiam os homens que ele fugia da presença do SENHOR, porque lho havia declarado. Disseram-lhe: Que te faremos, para que o mar se nos acalme? (vv.10-11).*

O versículo 10 diz que depois que os marinheiros souberam que Jonas estava fugindo de Deus, "ficaram apavorados". Por quê? A princípio, temeram somente a tempestade; agora temiam o Deus que estava por detrás da tempestade.

A essência do temor a Deus é reconhecer, respeitar e responder à Sua autoridade. Os marinheiros fizeram isso, mas

Jonas não! Alguém disse certa vez que os descrentes sempre se veem melhores, quando são comparados aos filhos desobedientes de Deus. Como Jonas não queria se arrepender, os marinheiros perguntaram como podiam apaziguar esse Deus que estava causando a tempestade.

*[Jonas] respondeu-lhes: Tomai-me e lançai-me ao mar, e o mar se aquietará, porque eu sei que, por minha causa, vos sobreveio esta grande tempestade (v.12).*

Na essência Jonas disse: "Eu prefiro morrer a obedecer a Deus e pregar o arrependimento ao povo que odeio."

Que trágico. Jonas poderia ter dito: "Eu me arrependo e vocês também devem se arrepender!" Ou "Voltem e me levem a Nínive" ou, no mínimo, "Deem-me um remo e deixem-me ajudar a remar." Mas ele parecia dizer a Deus: "Eu prefiro morrer a ir com o Senhor a Nínive."

Ao contrário da indisposição de Jonas de se envolver na salvação de centenas de milhares de pessoas em Nínive, observe como estes marinheiros pagãos tiveram que trabalhar para salvar a vida de um homem. E observe também o respeito que eles tinham pelo Senhor, em contraste ao desrespeito que Jonas estava demonstrando:

*Entretanto, os homens remavam, esforçando-se por alcançar a terra, mas não podiam, porquanto o mar se ia tornando cada vez mais tempestuoso contra eles. Então, clamaram ao S*ENHOR *e disseram: Ah! S*ENHOR*! Rogamos-te que não pereçamos por causa da vida deste homem, e não faças cair sobre nós este sangue, quanto a nós, inocente; porque tu, S*ENHOR*, fizeste como te aprouve" (vv.13-14).*

### O final dramático da tempestade (vv.15-16)
*E levantaram a Jonas e o lançaram ao mar; e cessou o mar da sua fúria. Temeram, pois, estes homens em extremo ao S*ENHOR*; e ofereceram sacrifícios ao S*ENHOR *e fizeram votos.*

Quando o mar agitado repentinamente acalmou, a tempestade nos corações dos marinheiros aumentou, pois agora eles temiam *verdadeiramente* a Deus! Ele não somente havia causado a tempestade, mas também foi capaz de findá-la quando Seus propósitos se realizaram.

Eles ofereceram sacrifícios de adoração ao Deus verdadeiro e fizeram votos a Ele. Enquanto isso, Jonas afundou como uma pedra, pensando que havia alcançado o seu alvo. Estava convencido de que havia escapado com sucesso da presença do Senhor. Mas será que escapara mesmo?

## A RESPOSTA DE DEUS À DESOBEDIÊNCIA (JONAS 1:17–2:10)

Agora iniciamos a passagem que faz o livro de Jonas ser um dos mais contraditórios da Bíblia. Na década de 30, no século passado, durante o julgamento de um famoso caso de homicídio, conhecido como Leopold e Loeb, o advogado de defesa atacou a credibilidade de uma testemunha-chave, dizendo: "Seria mais fácil vocês acreditarem que Jonas foi engolido por uma baleia." Essa estratégia, no entanto, teve efeito contrário, porque a maioria dos jurados *acreditava* na história de Jonas e do peixe. E, com isso, os acusados foram declarados culpados.

### Os preparativos de Deus (Jonas 1:17)

*Deparou o S*ENHOR *um grande peixe, para que tragasse a Jonas; e esteve Jonas três dias e três noites no ventre do peixe.*

Esta é a afirmação na história de Jonas que muitas vezes é ridicularizada, mas é também uma passagem que nos desafia a crer num Deus sobrenatural, que não está limitado pelas circunstâncias naturais. Vamos analisar o versículo 17 mais profundamente.

A palavra hebraica para *deparou* inclui a ideia de uma atividade criativa, implicando que este peixe em particular foi especialmente criado por Deus para este evento específico.

O texto diz que Deus fez "um grande peixe" e não uma baleia, como muitos creem, apesar de certas espécies de baleia serem capazes de engolir um homem. (Uma baleia adulta da espécie cachalote tem uma boca de 6 m de comprimento, 4,5 m de altura e 2,7 m de largura e pode comer uma lula gigante inteira). O texto indica, contudo, que Deus preparou um "grande peixe".

E o peixe não somente engoliu Jonas, mas ele permaneceu no seu ventre por três dias e três noites. Isso é importante porque, em Mateus 12:40, Jesus não somente reconheceu o fato histórico de Jonas ter permanecido no peixe, mas Ele foi além disso, e mostrou o seu significado profético. Ele disse: "Porque assim como esteve Jonas três dias e três noites no ventre do grande peixe, assim o Filho do Homem estará três dias e três noites no coração da terra."

### A oração de Jonas (2:1-9)

*Então, Jonas, do ventre do peixe, orou ao S*ENHOR*, seu Deus (v.1).*

Jonas fez algo no ventre do peixe que se recusara a fazer quando estava no navio — ele orou a Deus. Podemos orar em muitos lugares incomuns como cavernas e poços com pedras, mas nada se compara a isso!

Imagine a experiência de ser engolido pelo peixe. Pense nas condições dentro desse túmulo vivo! Mas foi justamente ali que Jonas ergueu a sua voz para orar. A sua oração tem diversas partes:

***A sua oração de arrependimento (v.2)***

*Na minha angústia, clamei ao* Senhor, *e ele me respondeu; do ventre do abismo, gritei, e tu me ouviste a voz.*

Jonas orou por causa da sua "angústia" (literalmente, "estar amarrado") e este sentimento é apropriado para um homem dentro de um peixe. Observe que ele descreveu o seu lugar de oração não apenas como sendo o ventre do peixe, mas o "ventre do abismo".

O que é o "ventre do abismo?" É uma imagem para aquilo que as Escrituras chamam de *Sheol* em hebraico (*Hades* em grego), um lugar debaixo da terra (Jó 17:16) — às portas da morte, "terra de negridão" (Jó 10:19-22) e no sepulcro (Salmo 6:5). Embora estar no *Sheol* implique numa separação de Deus — ainda lá existe a possibilidade de acesso a Deus. Na maioria dos casos, o *Sheol* é o reino da morte. Se a palavra for usada para falar da sepultura ou do lugar da existência depois da morte, o *Sheol* será sempre um lugar de morte e não de vida.

Jonas, desafiando a Deus, se dispôs a ir para Társis, mas acabou no *Sheol*. Todavia, apesar da sua rebelião, quando se arrependeu, Deus respondeu. Jonas disse para Deus: "e tu me ouviste a voz".

### *A sua oração de submissão (vv.3-4)*

*Pois me lançaste no profundo, no coração dos mares,
e a corrente das águas me cercou; todas as tuas ondas
e as tuas vagas passaram por cima de mim. Então, eu
disse: lançado estou de diante dos teus olhos; tornarei,
porventura, a ver o teu santo templo?*

Aqui Jonas voltou a si. Finalmente, no ventre do grande peixe, ele viu a soberania de Deus apesar das suas circunstâncias físicas. No cativeiro da morte, ele viu a mão de Deus em tudo o que lhe acontecera ("me lançaste", "tuas ondas e vagas", "teus olhos"). Deus foi aquele que fez soprar os fortes ventos e fez cair a tempestade e usou os marinheiros para executar Seu julgamento, lançando Jonas ao mar.

Em toda a Escritura podemos ver as evidências da presença poderosa de Deus nas circunstâncias da vida. Paulo, por exemplo, se considerou um prisioneiro de Cristo e não de Roma. José viu a mão de Deus por detrás da sua escravidão. Jó enxergou a obra de Deus nas suas provações. E o Filho de Deus reconheceu a mão do Pai celestial no Seu sofrimento.

Além de reconhecer o poder e a autoridade de Deus naquilo que estava acontecendo, Jonas também apelou para a misericórdia de Deus. Com esperança de ser restaurado para adorar, ele orou (v.4): "Tornarei, porventura, a ver o teu santo templo?"

### *A sua oração na tribulação (vv.5-6)*

*As águas me cercaram até a alma, o abismo me rodeou;
e as algas se enrolaram na minha cabeça. Desci até aos
fundamentos dos montes, desci até a terra, cujos ferrolhos
se correram sobre mim, para sempre; contudo, fizeste subir
da sepultura a minha vida, ó S<small>ENHOR</small>, meu Deus!*

Esses versículos descrevem as terríveis profundezas nas quais Jonas desceu. A sua fuga de Deus, a tempestade violenta, as águas profundas e a boca faminta de um peixe monstruoso o levaram ao limiar do *Sheol* — a terra da morte "desci até a terra, cujos ferrolhos se correram sobre mim, para sempre" (v.6).

Todavia, apesar de Jonas crer que a sua morte era inevitável, essa parte da sua oração terminou com esperança quando disse: "contudo, fizeste subir da sepultura a minha vida". Ele reconheceu a correção amorosa de Deus como necessária para sua restauração — e não para sua destruição.

### *A sua oração de restauração (v.7)*
*Quando, dentro de mim, desfalecia a minha alma, eu me lembrei do SENHOR; e subiu a ti a minha oração, no teu santo templo.*

Quando Jonas estava perdendo as forças, ele orou pedindo restauração.

### *A sua oração de confissão (v.8)*
*Os que se entregam à idolatria vã abandonam aquele que lhes é misericordioso.*

No mesmo verso a tradução NVI (Ed. Vida 2001) diz: "Aqueles que acreditam em ídolos inúteis desprezam a misericórdia." Jonas confessou o pecado de ter confiado num ídolo que não podia fazer nada para salvá-lo ou resgatá-lo. E qual foi o ídolo de Jonas? Foi a sua vontade própria — o maior de todos os ídolos.

Ao curvar-se voluntariamente diante do ídolo, Jonas entregou-se a um caminho de rebeldia — o maior fracasso espiritual. Somente ao voltar-se para Deus em arrependimento, descobriria o que significava, na realidade, o sucesso espiritual.

### *Sua oração de agradecimento (v.9)*

*Mas, com a voz do agradecimento, eu te oferecerei sacrifício; o que votei pagarei. Ao Senhor pertence a salvação!*

Esta oração significou duas coisas: Ele estava pronto a não adorar mais a si mesmo no altar da sua vontade própria; e pronto para modificar sua atitude. Como um fugitivo quebrantado, que não tem outro lugar para se esconder, ele desistiu. E então, declarou: "Te oferecerei" e "O que votei pagarei". Com essas palavras, ele declarou a sua entrega, que deveria ter ocorrido muito tempo antes. Na realidade Jonas disse: "Senhor, leva-me para Nínive!"

### O poder de Deus (Jonas 2:10)

*Falou, pois, o Senhor ao peixe, e este vomitou a Jonas na terra.*

Novamente podemos observar o controle de Deus. Os ventos e os mares obedeceram. Agora o peixe obedece. O único que desobedeceu foi Jonas, o homem de Deus. Os marinheiros não conseguiram levar Jonas para a praia, mas Deus usou o peixe para, com mais facilidade, levá-lo para lá.

A volta de Jonas à terra firme foi sem cerimônias e incomum. O peixe o vomitou. Esse não é um pensamento muito agradável, mas é o único uso "positivo" da palavra *vomitar* na Bíblia. Em outras passagens vomitar é usado com relação a Israel (Levítico 18:25), o rico (Jó 20:15), Laodiceia (Apocalipse 3:16), um cão e um insensato (Provérbios 26:11) e na maioria das vezes em relação aos embriagados.

A história de Jonas começou com o "sucesso no fracasso" quando ele rejeitou o chamado de Deus, desobedecendo Seus mandamentos e ignorando Sua vontade. Ele adorou o ídolo do seu "eu", preferindo morrer a se submeter a Deus. Mas com graça e correção, Deus foi atrás de Seu servo rebelde. Agora Jonas, que teve tanto sucesso no seu fracasso espiritual, receberá uma segunda chance, outra oportunidade de acertar seus erros.

## FRACASSANDO NO SUCESSO

EM 1836, TRAVOU-SE UMA guerra pela independência do Texas. O líder do México, o general Antonio Lopez de Santa Anna, não queria ceder aos *texicans* (descendentes de mexicanos) que estavam dispostos a morrer por sua liberdade. Em março daquele ano os soldados de Santa Anna fecharam o cerco a San Antonio de Béjar, e ao forte Álamo durante 13 dias cruciais. No dia 6 de março o Álamo caiu. Os texanos foram derrotados pelos mexicanos que estavam em número maior. Embora tivesse ganhado a batalha, Santa Anna pagou um alto preço por sua vitória. Enquanto forças mexicanas estavam envolvidas na batalha pelo Álamo, o general Sam Houston organizou o exército que iria derrotar o México em San Jacinto e permitir que o Texas se tornasse uma república. Santa Anna venceu uma batalha, mas perdeu a guerra.

### VENCENDO A BATALHA (JONAS 3:1-10)

Ao chegarmos ao terceiro capítulo de Jonas, o Senhor de Israel venceu a batalha, mas como iremos ver, a guerra ainda não acabara.

De volta a terra firme, Jonas começa a dirigir-se para Nínive. Ele fez um desvio passando pelo ventre do peixe, mas agora está novamente no caminho certo. Nos dois últimos capítulos,

Deus o usa para efetuar um dos maiores resgates da história. Qual será a reação de Jonas?

### Uma segunda chance (Jonas 3:1-2)

*Veio a palavra do SENHOR, segunda vez, a Jonas, dizendo: Dispõe-te, vai à grande cidade de Nínive e proclama contra ela a mensagem que eu te digo.*

Em contraposição ao cenário de resistência e subsequente remorso de Jonas, Deus, em Sua graça e misericórdia, deu-lhe uma segunda chance para cumprir a sua missão.

Observe que o segundo chamado de Jonas foi mais pessoal e intenso do que o primeiro. O primeiro chamado foi de forma geral: "Proclama contra ela", mas o segundo chamado foi mais específico: "Proclama contra ela a mensagem que eu te digo".

Uma segunda chance para o serviço é algo quase sem precedentes. Moisés também teve a mesma experiência (Atos 7:25) bem como Pedro (João 21), mas não devemos fazer suposições. As Escrituras mostram que pode ser perigoso supor que nos será dada uma segunda chance (1 Reis 13:26). Um "segundo chamado" nunca é algo garantido. É mais seguro responder favoravelmente a Deus na primeira vez. No caso de Jonas, Deus podia ter chamado um segundo homem, mas devido a Seus próprios propósitos, Ele escolheu chamar o mesmo homem uma segunda vez.

### Uma mensagem simples (3:3-4)

*Levantou-se, pois, Jonas e foi a Nínive, segundo a palavra do SENHOR. Ora, Nínive era cidade mui importante diante de Deus e de três dias para percorrê-la. Começou Jonas a percorrer a cidade caminho de um dia, e pregava, e dizia: Ainda quarenta dias, e Nínive será subvertida.*

A cidade de Nínive era grande, em tamanho, importância e riqueza. Mas também era grande em seus pecados (Jonas 1:2). Por isso que Jonas estava lá. Começou a jornada de três dias pela cidade para proclamar a admoestação de Deus ao povo.

Como Jonas conseguiu chamar a atenção das pessoas? O comentarista bíblico Harry Rimmer sugere que os sucos gástricos do peixe podem ter tido um efeito dramático na aparência de Jonas, fazendo com que seu cabelo caísse e sua pele ficasse esbranquiçada. A sua aparência (e possivelmente o seu odor) certamente fez com que as pessoas o notassem.

**O Julgamento de Deus.** "Nínive será subvertida". A palavra *subvertida* significa "ser derrubada, arruinada", e o tempo verbal mostra que isto iria acontecer de forma total — uma destruição completa da cidade até mesmo os seus fundamentos. Essa mesma palavra é usada em Gênesis 19:25 para descrever a destruição de Sodoma e Gomorra.

Indubitavelmente, Jonas proclamou além dessas palavras específicas, porém esse foi seu tema principal. As admoestações e advertências geralmente são breves e incisivas. Mensagens de julgamento são marcadas pela franqueza:

- Natã disse a Davi: "Tu és o homem!" (2 Samuel 12:7).
- Uma mensagem de julgamento para o rei Belsazar apareceu escrita de forma sobrenatural numa parede: "MENE, MENE, TEQUEL, PARSIM" (Daniel 5:25).
- O Senhor disse à igreja de Éfeso: "Arrepende-te e volta à prática das primeiras obras" (Apocalipse 2:5).

É possível que Jonas tenha gostado de pregar a mensagem de julgamento. Já havia demonstrado seu ódio pelos ninivitas e agora estava anunciando a sua futura destruição. Mas se Jonas sentiu prazer ao anunciar a destruição de Nínive, ele, de fato, não entendeu a misericórdia de Deus embutida na mensagem de admoestação e julgamento que estava proclamando.

*A Misericórdia de Deus.* "Ainda quarenta dias..." Esta é a chave para se entender a misericórdia de Deus na mensagem de Jonas. Se não houvesse uma oportunidade para o arrependimento, não teria sido necessário anunciar um prazo final. Mas Deus deu a Nínive um determinado período de tempo para se arrepender. E o que iria fazer com que os ninivitas se arrependessem? Como sempre, a palavra de Deus transmitida a pessoas que necessitavam de Sua misericórdia e perdão mais do que qualquer coisa na vida.

Entretanto, a ironia da história de Jonas foi que o povo de Nínive estava disposto a honrar a Deus por meio da rendição, para a qual Jonas ainda não estava preparado. Apesar da sua obediência exterior, sua rebelião interior continuava. Ele se rebelou ativamente quando fugiu para Társis, mas agora estava se rebelando passivamente contra o coração de Deus. Como veremos a seguir, embora estivesse proclamando as palavras de Deus, o coração de Jonas não estava batendo no mesmo compasso do coração misericordioso de Deus, que "...não querendo que nenhum pereça (nem os ninivitas), senão que todos cheguem ao arrependimento" (2 Pedro 3:9).

### Uma reação séria (3:5-9)

Como seria se estivéssemos em Nínive quando Jonas transmitiu sua mensagem? O pastor e autor James Montgomery Boice descreveu-o assim:

Quase podemos ver Jonas iniciando a sua jornada no primeiro dia e começando a proclamar em voz alta a sua mensagem. Como seria recebido? Será que os ninivitas iriam rir dele? Iriam se revoltar contra Jonas e persegui-lo? Quando ele proclamou a mensagem, as pessoas pararam para ouvir. Os sons dos comerciantes cessaram e um silêncio santo se infiltrou entre as multidões que se aglomeravam. Em seguida, houve choro e outros sinais de um genuíno arrependimento dos pecados. Por fim, a mensagem de Jonas chegou até ao palácio, e o rei, desvestiu-se de seu manto real e juntou-se à multidão de seus súditos arrependidos. *(Can You Run Away From God?,* pp.71-72 [Você pode fugir de Deus?]).

Que cena impressionante! Observe como toda uma cultura reage à graça e misericórdia de Deus:

### Suas crenças (v.5a)
*Os ninivitas creram em Deus...*

A palavra *creram* é idêntica à de Gênesis 15:6. "[Abraão] creu no Senhor, e isso lhe foi imputado para justiça." Isso não significa simplesmente crer no que se diz; significa confiar no Deus que falou. O povo creu que a mensagem de Jonas vinha de Deus e a consideraram seriamente. Hebreus 11:6 diz que "sem fé é impossível agradar a Deus". Eles creram em Deus — e reagiram!

### O arrependimento e oração (v.5-9)
*Os ninivitas creram em Deus, e proclamaram um jejum, e vestiram-se de panos de saco, desde o maior até o menor. Chegou esta notícia ao rei de Nínive; ele levantou-se do*

*seu trono, tirou de si as vestes reais, cobriu-se de pano de saco e assentou-se sobre cinza. E fez-se proclamar e divulgar em Nínive: Por mandado do rei e seus grandes, nem homens, nem animais, nem bois, nem ovelhas provem coisa alguma, nem os levem ao pasto, nem bebam água; mas sejam cobertos de pano de saco, tanto os homens como os animais, e clamarão fortemente a Deus; e se converterão, cada um do seu mau caminho e da violência que há nas suas mãos. Quem sabe se voltará Deus, e se arrependerá, e se apartará do furor da sua ira, de sorte que não pereçamos?*

As duas imagens, que descrevem uma mudança sincera do coração, no Antigo Testamento são: o jejum e o uso de pano de saco. Veja que a fé deles resultou em ação: espontânea, imediata e unânime.

Vestir-se de pano de saco (uma roupa grosseira) era um símbolo de humilhação, sofrimento e luto. Era uma declaração de desvalorização pessoal e foi feita por todo o povo, desde o maior até o menor. Até os animais foram envolvidos.

A fé que gerou o arrependimento daquele povo resultou em mudanças em seus comportamentos. Nenhuma confissão vaga ou superficial faria isso. Uma verdadeira transformação das mentes e corações, evidenciadas pela mudança das vidas, era o que precisavam desesperadamente.

Como resposta à admoestação de Deus através de Jonas, um rei pagão levou seu povo a um arrependimento nacional, reconhecendo que Deus é soberano e poderia "…se apartar do furor da Sua ira" (Jonas 3:9) se assim o quisesse. Ele ainda conclamou os cidadãos de Nínive a orar pedindo pela misericórdia de Deus. Esse pedido demonstrou fé e esperança por parte do rei. É importante observar que nem o rei, nem o povo de Nínive tinham qualquer evidência na qual poderiam alicerçar a sua esperança, a não ser o fato de que Deus os havia admoestado em vez de destruí-los imediatamente. Portanto, pela fé, eles se puseram a orar com esperança que a misericórdia dominasse o julgamento.

### Um Deus que salva (Jonas 3:10)

*Viu Deus o que fizeram, como se converteram do seu mau caminho; e Deus se arrependeu do mal que tinha dito lhes faria e não o fez.*

**O que Deus viu.** Ele viu os seus atos e também que se afastaram genuinamente dos seus pecados. A genuinidade do seu arrependimento transpareceu nas suas vidas transformadas (veja Lucas 3:8; Atos 26:20).

**O que Deus fez.** "Deus se arrependeu [...] e não o fez". Deus reverteu a Sua declaração de julgamento e os resgatou de seus pecados e culpas. Todavia, isso não significa que Deus mudou a Sua forma de pensar.

Ele permaneceu fiel aos Seus princípios eternos de justiça e misericórdia. Considere o seguinte:

- "Também a Glória de Israel não mente, nem se arrepende, porquanto não é homem, para que se arrependa" (1 Samuel 15:29).
- "Pois contra Jacó não vale encantamento, nem adivinhação contra Israel; agora, se poderá dizer de Jacó e de Israel: Que coisas tem feito Deus!" (Números 23:19).

O caráter de Deus não muda. Pelo contrário, quando as pessoas mudam o seu relacionamento com Ele, leis diferentes entram em ação. Quando o versículo 10 diz que "Deus se arrependeu" (Jonas 3:10), não está se referindo ao Seu remorso por um erro de julgamento, mas à remoção do julgamento como um ato de misericórdia para com alguém que se arrependeu.

As leis de Deus com relação ao julgamento do pecado são claras, mas escapar do julgamento só é possível quando apelamos a Deus, nos Seus termos, buscando a Sua misericórdia e perdão. Foi assim que a batalha pelos corações dos ninivitas foi vencida.

### Perdendo a Guerra (Jonas 4:1-11)

Do nosso ponto de vista, a história de Jonas poderia terminar no capítulo 3. A tarefa fora cumprida, Nínive se arrependera e tudo estava novamente em ordem. Mas o capítulo 4 existe por alguma razão. Ao chegarmos ao capítulo final do relato sobre Jonas, vemos como ele "fracassou no sucesso". Depois de ter sido o instrumento de Deus para produzir o maior reavivamento da história humana, Jonas estava mais do que aborrecido — estava fervilhando com uma ira que não queria desaparecer.

É fascinante observar a rapidez que Nínive respondeu à operação de Deus e como Jonas foi lento em responder ao Senhor. A misericórdia abundante que Deus mostrou aos ninivitas criou no profeta relutante, uma ira e amargura profunda e devastadora.

### A ira de Jonas (4:1-3)

*"Com isso, desgostou-se Jonas extremamente..."* A palavra *desgostou* significa "ver como algo mau". Jonas, na verdade, considerou a obra salvadora de Deus como um *erro!*

*"...e ficou irado".* A palavra para *ira* significa "ferver". Deus, misericordiosamente, afastou-se de Sua ira, mas a ira de Jonas para com Deus se acendeu.

Por que ele se irou? Porque não houve o julgamento; e era o julgamento de Nínive o que Jonas desesperadamente queria ver! Jonas fez o que Deus queria que ele fizesse — ir e proclamar, mas Deus não fez o que Jonas queria — a destruição de Nínive. Jonas se enfureceu com Deus por Ele ter mostrado misericórdia e se sentiu traído porque Deus poupou os ninivitas, que ele tanto odiava.

*"E orou ao Senhor e disse..."* A última vez que Jonas orou, ele se encontrava no ventre de um peixe e grato por Deus mostrar misericórdia. Mas agora estava irado com Deus por causa dessa mesma misericórdia. Por quê? Porque ela alcançou os seus inimigos.

*"Não foi isso que eu disse...?"* Basicamente, ele disse a Deus: "Eu não falei? Eu estava certo e Tu estavas errado." Ele até tentou justificar a sua rebelião, admitindo que seu ato inicial de desobediência foi uma tentativa de interferir com a misericórdia de Deus ou obstruí-la.

Na realidade, Jonas estava dizendo: "Esta foi a razão por que me neguei a ir para Nínive quando me chamaste pela primeira vez. E eu estava certo quando fugi!" Não é isso o que nós muitas vezes fazemos? Boice escreveu:

> Quando as coisas não acontecem como queremos, procuramos justificar nossa desobediência diante de Deus. O que precisamos aprender é que não somos suficientemente capazes de determinar a adequação ou inadequação do resultado, e também não somos responsáveis por ele. Somos responsáveis somente por cumprir toda a vontade de Deus (ibid., pp.84-85).

*"Pois sabia que és..."* Surpreendentemente Jonas fundamentou seu argumento na lista dos atributos divinos que encontramos em Êxodo 34:6-7, onde Deus revelou-se no Monte Sinai, após o povo de Israel ter pecado adorando a um bezerro de ouro. Jonas ficou ressentido com o fato de que Deus é:

- "Clemente"; mostrando generosidade àqueles que não a merecem (Jonas 2:9).
- "Misericordioso"; mostrando bondade, compaixão e perdão àqueles que necessitam. Jonas experimentou essa bondade, mas se recusou a concedê-la a outros.
- "Tardio em irar-se"; Deus nem sempre executa imediatamente o castigo merecido, mas dá tempo para o arrependimento.
- "Grande em benignidade"; mostrando amor, bondade e piedade.
- "O que se arrepende do mal"; capaz de julgar tanto quanto — perdoar.

Jonas usou a descrição que Deus fez de si mesmo em Êxodo 34 para acusá-lo de ter duas caras e ser contraditório. Ele quis dizer: "Eu sei como Tu és. Então, por que me mandaste com uma mensagem de julgamento se, de qualquer forma, estava disposto a mostrar-lhes misericórdia?" Jonas estava tão amargurado e irado com Deus que queria apenas morrer.

*"...tira-me a minha vida..."* É impressionante notar que anteriormente, Jonas louvou a Deus três vezes por ter salvo a sua vida (2:5-8). Mas aqui, na primeira de duas ocasiões, ele pediu para morrer (Jonas 4:3). Por quê? Jonas recusou aceitar a vontade de Deus por causa do seu ódio pessoal pelos ninivitas. A sua própria teimosia dominou seus pensamentos de forma

tão poderosa (usando as palavras *me, meu, minha, mim,* várias vezes) que Jonas preferiu morrer a vê-los vivos. Que contraste com o Salvador que morreu de boa vontade para que pudéssemos viver.

### O desafio divino (Jonas 4:4)
*E disse o Senhor: É razoável essa tua ira?*

Deus não queria que essa questão ficasse sem ser resolvida e por isso o confrontou com relação à sua ira. Não é incomum vermos na Bíblia como Deus desafia Seu povo com perguntas penetrantes:

- Ele perguntou a Adão: "Onde estás?" (Gênesis 3:9).
- Ele perguntou a Caim: "Onde está Abel, teu irmão?" (Gênesis 4:9).
- Jesus perguntou a Judas: "Judas, com um beijo trais o Filho do Homem?" (Lucas 22:48).

É como se Deus estivesse dizendo a Jonas: "Nós estamos olhando para uma situação idêntica, de dois ângulos diferentes. Qual de nós tem a perspectiva correta?" A resposta de Jonas deveria ter sido: "Seja Deus verdadeiro, e mentiroso, todo homem" (Romanos 3:4). Mas, em vez disso, ele fugiu novamente.

### A fuga (Jonas 4:5)
*Então, Jonas saiu da cidade, e assentou-se ao oriente da mesma, e ali fez uma enramada, e repousou debaixo dela, à sombra, até ver o que aconteceria à cidade.*

Jonas estava preocupado somente com o seu conforto — Ele fez um abrigo, onde se sentou para observar a cidade. O seu egoísmo supurado tornou-o um homem solitário e amargo.

Sem mudança de coração, uma pessoa amargurada se torna pior com o passar do tempo.

Deus lidaria com seu profeta rebelde fazendo-lhe outra pergunta, mas primeiro, deu os passos necessários para preparar o coração de Jonas para a mensagem contida naquela pergunta.

### A lição do Senhor (Jonas 4:6-8)

> *Então, fez o* SENHOR *Deus nascer uma planta, que subiu por cima de Jonas, para que fizesse sombra sobre a sua cabeça, a fim de o livrar do seu desconforto. Jonas, pois, se alegrou em extremo por causa da planta (v.6).*

A *planta* era de uma espécie que crescia rapidamente, com folhas largas. Alguns a identificaram com a mamona (de onde se extrai o óleo de rícino) que chega aproximadamente a uma altura de 3,6 m e tem folhas largas. Note que, pela primeira vez em toda a história, Jonas se "alegrou", mas somente porque estava sendo beneficiado pela planta.

> *Mas Deus, no dia seguinte, ao subir da alva, enviou um verme, o qual feriu a planta, e esta se secou (v.7).*

O *verme* tinha um apetite voraz. Os versículos 6 e 7 expõem duas características contrárias à natureza de Deus — Sua habilidade de livrar e destruir. O propósito do verme era destruir a planta, de forma que Jonas ficasse novamente exposto.

> *Em nascendo o sol, Deus mandou um vento calmoso oriental (v.8a).*

O *vento* foi um vento oriental abrasador (muitas vezes chamado de "siroco") que sopra desde o deserto da Arábia. Deus respondeu ao calor da ira de Jonas expondo-o ao calor do deserto e todos os seus elementos.

> ...*o sol bateu na cabeça de Jonas, de maneira que desfalecia, pelo que pediu para si a morte, dizendo: Melhor me é morrer do que viver! (v.8b).*

Deus removeu, de forma sobrenatural, todas as vias de escape de Jonas, a fim de conseguir a sua atenção. Mas, tragicamente, Jonas, ainda assim, preferiu a morte a se submeter a Deus.

### A pergunta de Deus (Jonas 4:9a)

> *Então, perguntou Deus a Jonas: É razoável essa tua ira por causa da planta?*

No versículo 4, Jonas estava irado com Deus. Agora, ele está irado por causa da planta. A amargura muitas vezes, começa bem arrogante e termina bem fraca. Boice escreve:

> A mesma coisa acontece quando nos iram. Começamos nos zangando por coisas grandes, mas logo ficamos furiosos por coisas insignificantes. Primeiro ficamos indignados com Deus. Depois expressamos nossa ira por causa das circunstâncias e em seguida por circunstâncias ainda menores. Finalmente, em certa manhã, nosso cadarço arrebenta e nós nos deparamos xingando. Deus mostrou isso a Jonas quando disse: "Veja onde a sua ira o levou, Jonas. Isto está certo? Essa é a forma certa de viver? Você quer gastar o resto da sua vida amaldiçoando por contrariedades insignificantes?" (ibid., p.95).

### A animosidade (Jonas 4:9b)

> *[Jonas] respondeu: É razoável a minha ira até à morte.*

Jonas ainda não compreendia. Lá estava ele sentado debaixo de um tronco seco, desanimado, amargurado, vingativo — um retrato trágico de autocomiseração. Ainda estava se defendendo e desesperado com a vida. Ele não via nenhuma lógica na maneira de Deus agir com Nínive ou com a planta, assim, ele decidiu que, se Deus continuasse a agir dessa maneira, ele preferiria estar morto.

### A repreensão de Deus (Jonas 4:10-11)
*Compaixão por uma planta? (v.10)*
> Tornou o SENHOR: *Tens compaixão da planta que te não custou trabalho, a qual não fizeste crescer, que numa noite nasceu e numa noite pereceu.*

Deus colocou a atitude de Jonas na perspectiva correta:
- Ele amou uma planta sem valor, mas odiou as almas eternas dos homens.
- Ele mostrou compaixão por um pequeno elemento da criação de Deus, mas não tinha misericórdia para com uma cidade inteira, que enfrentava um julgamento eterno.

É como se Deus dissesse: "Jonas, quem é que não está tendo argumentos lógicos para os seus atos? Você ou eu?"

*Compaixão por uma cidade (v.11)*
> *E não hei de eu ter compaixão da grande cidade de Nínive, em que há mais de cento e vinte mil pessoas, que não sabem discernir entre a mão direita e a mão esquerda, e também muitos animais?*

Jonas precisava ver que a compaixão por uma planta não tinha muito valor, mas a compaixão por uma cidade com mais de 120 mil pequeninos tinha valor eterno. Se elas não sabiam distinguir a mão direita da mão esquerda, como poderiam discernir o certo do errado?

Se Jonas não conseguia sentir piedade pelo povo da cidade, ele, pelo menos, poderia senti-la a favor das crianças e dos rebanhos, que eram tão inocentes quanto aquela planta!

Em meio a esse grande despertamento espiritual, Jonas ainda não estava vendo a grandeza da graça e misericórdia de Deus. Ele venceu a batalha de alcançar Nínive com a mensagem de Deus, mas perdeu a guerra dentro do seu próprio coração.

## O RESTO DA HISTÓRIA

O QUE ACONTECEU DEPOIS? Pode ser que Jonas tenha finalmente compreendido a necessidade da misericórdia sobrepujar o julgamento. Se isso não fosse verdade, por que razão ele escreveria sobre sua experiência pessoal, e por que concluiria com as palavras de Deus sobre o valor que Ele dá às almas eternas?

Durante a viagem, de pouco mais de um mês, de retorno a Gate-Hefer, provavelmente a repreensão de Deus pesou bastante em seu coração. A convicção subsequente poderia ter se tornado tão forte que, quando chegou à sua casa, tinha um coração cheio de amor e compaixão pelos perdidos — até mesmo por aqueles que eram seus inimigos.

Pode ser que Jonas até compreendera que, quando nossos inimigos colocam sua fé em Deus, eles já não são mais nossos inimigos. Você não sente gratidão por Jonas ter escrito a sua história com franqueza e honestidade, para que pudéssemos ser lembrados de que o amor sempre é melhor que o ódio?

## FRACASSO VERSUS SUCESSO

Aprendemos muitas lições no livro de Jonas, mas o elo entre todas elas é a misericórdia de Deus. Vimos a misericórdia de Deus quando Ele buscou e restaurou Jonas, poupando os marinheiros, e na salvação milagrosa de Nínive. Também está em destaque o completo fracasso espiritual de Jonas…

- que experimentou misericórdia, mas não teve misericórdia;
- que recebeu amor, mas não amou;
- que se beneficiou da paciência de Deus, mas tornou-se rancoroso contra Deus quando Ele demonstrou a mesma paciência a Nínive.

É fácil esquecer que aquele a quem muito se perdoou, muito deveria amar, e aquele que recebeu misericórdia também deveria ser misericordioso.

Há um hino antigo que diz: "Há uma vastidão na misericórdia de Deus como a vastidão do mar." Mas esta imagem não é suficientemente grande. A maior expressão da vastidão da misericórdia de Deus são os braços estendidos de Cristo pregado numa cruz e morrendo por nossos pecados.

Como cada um de nós reage a essa misericórdia? É disso que depende a nossa eternidade. Jonas até que foi "bem-sucedido" em fugir da misericórdia de Deus. Mas seu maior fracasso foi não querer que outros tivessem a oportunidade de experimentar essa misericórdia. Deus conceda que sejamos bem-sucedidos em levar, com gratidão e obediência, a Sua misericórdia àqueles que dela necessitam, tanto quanto nós dela necessitamos.

# 2

# JOSÉ

## VENCENDO OS DESAFIOS DA VIDA

## AS LIÇÕES DA VIDA

Num seriado antigo de televisão, *Happy Days* (Dias Felizes), um filho foi proibido pelo seu pai de sair de casa "pelo resto de sua vida" por causa de sua má conduta. Ao conversarem a respeito, o pai perguntou ao filho: "Entendeu a lição?" A resposta do filho foi surpreendente: "Eu já imaginava que algo que produzisse tamanha dor, de alguma forma traria uma lição."

É assim a vida real! Não desenvolvemos o nosso caráter em tempos fáceis e de prosperidade, mas em momentos de dificuldades. As maiores lições da vida são muitas vezes o resultado das nossas profundas dores.

Quando o meu pai faleceu, um amigo que era pastor veio ao velório. Eu havia começado a trabalhar como pastor há alguns meses apenas e o funeral de meu pai seria o primeiro no qual eu iria pregar. O meu amigo colocou os seus braços ao redor dos meus ombros e disse: "Sei que isto lhe dói muito — e é óbvio que dói. Mas um dia, você agradecerá pelas lições que aprendeu esta semana."

Ele continuou: "Eu nunca perdi um ente querido tão próximo, mas preguei em muitos funerais. Nesses funerais, nunca soube verdadeiramente confortar as pessoas quando enfrentavam suas maiores perdas, pois eu nunca experimentei a mesma dor. O que você aprenderá com sua dor o capacitará a consolar outros em suas dores, de forma muito mais eficaz."

Num dos livros mais práticos do Novo Testamento, Tiago escreveu estas palavras:

> *Meus irmãos, tende por motivo de toda alegria o passardes por várias provações, sabendo que a provação da vossa fé, uma vez confirmada, produz perseverança. Ora,*

*a perseverança deve ter ação completa, para que sejais perfeitos e íntegros, em nada deficientes (Tiago 1:2-4).*

Seu ponto é simples — Deus nada desperdiça! Tudo o que acontece em nossa vida tem uma razão de ser e grande parte desta razão é ajudar-nos a crescer em nossa fé.

Diz-se que a vida deve ser vivida em contínuo movimento, mas nós só a compreenderemos, olhando para trás. Este caminhar exige que confiemos nos propósitos amorosos de um Deus soberano. Devemos confiar que Ele está no controle — especialmente quando a vida parece estar fora de controle.

Paulo se referiu a isto ao escrever que "andamos por fé" (2 Coríntios 5:7), o que contradiz todo e qualquer elemento da autopreservação enraizada em nós. Queremos ser responsáveis, manipular e controlar. Mas Deus quer que confiemos no amor de um Pai que não comete erros. Ele quer que confiemos naquele que nos faz "...mais que vencedores, por meio daquele que nos amou" (Romanos 8:37).

Esta foi a vida de José, personagem do Antigo Testamento. A sua vida estava repleta de experiências obscuras e difíceis, porém os resultados finais foram maravilhosos! Na realidade, José pode nos ensinar muito sobre como lidar com os embaraços de nossas próprias vidas. Ele tornou-se um homem piedoso numa cultura ímpia — um verdadeiro vencedor — e seu exemplo pode nos ajudar a nos prepararmos para enfrentar as questões da vida.

# VENCENDO OS DESAFIOS DA VIDA
## Vencendo a traição

Existem muitas palavras bonitas em nosso idioma — palavras cujos sons ressoam como músicas. Mas a palavra *traição* não é uma delas.

Quando ouvimos a palavra traição, lembramos do general americano Benedict Arnold, que quase entregou sua nação ao inimigo, antes mesmo de ela ter nascido. Ouvimos César, angustiado pela faca cravada firmemente em suas costas, quando ele gritou: "És tu, Brutus?" Quando ouvimos a palavra *traição*, a nossa mente retrocede a um jardim, numa noite escura, a voz de um amigo e um beijo que vendeu o Filho de Deus por 30 moedas de prata.

Ao observarmos a vida de José, vemos como ele está parado no limiar da traição — uma traição que surgirá dentro de sua própria família. Esta traição lhe trará dor por um curto período de tempo, mas é uma lição de superação que o jovem José deve aprender a vencer.

### Germinador da tensão

Lembro-me de uma visita, há anos, a uma família que visitara nossa igreja. Logo que entrei na casa, senti a tensão no ar. Estava incerto se algum membro da família sentia amor por alguma outra pessoa, mas estava muito claro que eles não se gostavam entre si. No decurso dos 45 minutos seguintes, duas coisas se tornaram óbvias: o marido e a esposa não dialogavam um com o outro e a sua guerra civil pessoal tinha migrado do seu relacionamento aos seus filhos.

Presumimos que as famílias sejam lugares onde reina o calor, o amor, a aceitação e a segurança. Mas muitas vezes as famílias não estão à altura dos seus nomes. Tornam-se solos férteis para ira, ressentimento e amargura. Este foi o caso da casa de Jacó, como se vê em Gênesis 37.

## Acendendo o pavio da ira familiar

O patriarca Jacó, filho de Isaque e neto de Abraão, estava aprendendo da forma mais difícil o que significa colher o que se planta. Ele havia ignorado os padrões bíblicos de Gênesis 2, para o casamento, tomando muitas esposas para si. Teve filhos com duas esposas (e com as suas servas) e acabou tendo uma família mista de 12 filhos — todos buscando uma posição diante de seu pai.

O problema se intensificou pela óbvia preferência de Jacó pela sua segunda esposa, Raquel, e pelos seus dois filhos, José e Benjamim. Isto criou uma séria contenda na família. Ao serem elevados a um lugar especial na casa, estes dois jovens foram excluídos da sua própria família.

Além disso, o caráter pouco brilhante de Jacó se refletiu em seus filhos. O seu nome (Jacó) significa "conivente" e os filhos de Jacó haviam aprendido aos pés do mestre. A família foi abalada por conflitos, decepções e interesses próprios. A atmosfera explosiva sofreu maior desestabilização pelo pobre exemplo do pai. Gênesis 37 descreve três pontos de potencial combustão na família:

- Jacó usou José para espiar os seus irmãos mais velhos, que odiavam este "filho favorito" (v.2).
- Jacó demonstrou o seu favoritismo, dando a José uma túnica especial (v.3).
- Jacó alimentou a ira da rivalidade fraterna, mas a ira atingia a José e não ao pai e seus atos insensatos (v.4).

O aumento do conflito entre os irmãos tinha suas raízes nos problemas dentro do casamento de seus pais. Vemos os mesmos resultados em 1 Samuel 1, onde a poligamia produziu uma competição inevitável e conflitos entre as esposas. É claro, a poligamia não precisa necessariamente ser a fonte de conflitos. Qualquer ruptura no relacionamento entre marido e mulher tem efeitos sérios que transbordam e afetam todos os relacionamentos no lar. Quando esse relacionamento está ligado a uma educação errada por parte dos pais, que eleva um filho acima dos outros como sendo objeto de amor e louvor, então os resultados podem ser catastróficos.

Ao demonstrar preferência por José, Jacó cometeu dois graves erros. Primeiro, ele deu sinais errados a José sobre a sua posição na família, colocando-o acima dos irmãos. Segundo, pela sua interferência, provocou a dor da rejeição nos filhos que antes haviam sido o alvo da sua atenção, mas agora estavam sendo esquecidos. A tensão resultante criou um barril de pólvora, cujo pavio estava para se acender. A falta de sabedoria e obediência de Jacó deu origem a uma família cheia de ressentimento e ódio.

Falando em tensões familiares, lembro-me que li o extrato de um testamento, datado de 1 de julho de 1935 que dizia:

> Para as minhas duas filhas, Frances Marie e Denise Victoria, por causa da sua falta de amor para com o seu pai... deixo a soma de um dólar para cada uma e a maldição de um pai. Que as suas respectivas vidas sejam repletas de miséria, infelicidade e tristeza. Que as suas mortes sejam precoces e de natureza lenta e torturante. Que as suas almas descansem no inferno e sofram os tormentos dos malditos por toda eternidade.

Uma família pode ser o lugar onde cresce o ódio, e os efeitos podem ser realmente destruidores. As indiscrições de Jacó haviam derramado gasolina sobre sua família — e José estava a ponto de acender o fósforo!

### A insensatez da juventude

José teve diversos sonhos que profetizavam a sua futura ascensão à grandeza. Mas em vez de considerar a importância destes sonhos e procurar compreendê-los, ele os exibiu diante da sua família — incluindo os irmãos que já o odiavam. José cometeu três erros críticos em seu julgamento:

- *Foi confuso* — não reconheceu a situação problemática em sua família.
- *Foi insensível* — não considerou o impacto dos seus atos sobre os membros da sua família.
- *Foi imaturo* — não parou para pensar na dor que os seus atos poderiam causar.

Como resultado a tensão e a ira continuaram a crescer. Faltou o discernimento como uma qualidade de caráter, na vida do jovem José. Embora fosse verdade que um dia exerceria domínio sobre os seus irmãos, seus atos provaram que ainda não estava preparado para essa posição.

José tinha que estar preparado para assumir a liderança — e este preparo viria ao aprender a desempenhar o papel de servo. A liderança de um servo demonstra discernimento, sensibilidade e maturidade; tanto para os maridos e esposas, líderes das igrejas, supervisores ou líderes cívicos e cidadãos. Em nossa geração de líderes há uma gritante necessidade por líderes com o coração de um servo.

Para o cristão que está na liderança, a pergunta é sempre: "Você está usando a sua posição ou está permitindo que Deus o use nessa posição?" Tendo isto em mente, alguém escreveu:

*"A ORAÇÃO DO LÍDER"*
*Senhor, quando estou errado,*
*ajuda-me a estar disposto a mudar.*
*Quando tenho razão, ajuda-me a ser*
*uma pessoa com quem seja fácil conviver.*
*Fortalece-me de tal maneira que o poder do meu exemplo*
*exceda em muito a autoridade que me cabe.*

José teve que desenvolver o caráter de um líder, mas isto aconteceria somente por meio das lições e da experiência de ser um servo.

## Prestando atenção aos números de um a dez

Em Gênesis 37:12-27, Jacó enviou José para vigiar os seus irmãos e, como era de se esperar, os dez irmãos se ressentiram com a presença de José em seu meio. A pressão aumentou quando eles viram o "predileto do pai".

Primeiro, vemos que a ira substituiu o amor, ao ponto de conspirarem "...contra ele para o matar" (v.18). E o sarcasmo tomou o lugar da forma adequada de falar (v.19). Rúben tentou intervir a favor de José, mas foi repelido (vv.21,22). Finalmente, o ataque se deu em diversas etapas:

- Despiram-no da túnica (v.23), o símbolo do seu ressentimento.
- Lançaram-no na cisterna (v.24) para afastá-lo de suas presenças.
- Com corações endurecidos sentaram-se para desfrutar de uma refeição, enquanto o seu jovem irmão se debilitava sozinho naquela cisterna escura (v.25).

- Venderam-no como escravo (v.25-28), decidindo que obter lucro com a vida de José, seria o final apropriado para este triste acontecimento.

Observe os resultados que as tensões familiares não-resolvidas haviam produzido. A raiz da amargura é o ódio (Mateus 5:21,22). O sintoma da amargura é o sarcasmo (Tiago 3:1-8). O resultado da amargura é a manipulação, *usando* pessoas em vez de *amá-las*.

### A raiz da amargura e seu fruto trágico

Para aqueles que estudaram esta história bíblica, é fácil dizer: "Está bem. No final, tudo dará certo." Mas veja a dor imediata que fluiu da família, devorada pelo ódio. Rúben lamentou pela vida de José (e por sua própria falta de coragem). Os irmãos mentiram ao seu pai, mas nunca escaparam da sua culpa pessoal (veja Gênesis 42:22). Jacó, o enganador, era agora enganado e experimentou a dor que recusava o consolo. Ele havia colhido o que semeara no passado. Tal como enganou o seu próprio pai com um cabrito, agora estava sendo enganado da mesma maneira.

A venda de José como escravo trouxe amargura a esta família. É interessante notar que ele é o único não descrito no texto como alguém perturbado. Ele tinha a melhor posição de todos porque, mesmo estando na escravidão, se encontrava onde Deus queria que estivesse. Estava onde deveria estar para aprender as lições que Deus queria ensinar-lhe — lições que um dia fariam dele um grande líder e o capacitariam a superar a traição e perfídia de seus próprios irmãos.

O Salmo 76:10 diz: "Pois até a ira humana há de louvar-te; e do resíduo das iras te cinges." Sendo sempre fiel, Deus transformaria o mal causado pelos homens na vida de José e o usaria para o bem dele e para a Sua glória.

## VENCENDO A TENTAÇÃO

Dizer que a vida está cheia de provocações e tentações é como dizia um cronista esportivo, "ter uma percepção maravilhosa do óbvio". Entretanto, compreender que estas provações muitas vezes vêm ancoradas em nossos maiores sucessos, pode significar, compreender a verdadeira essência do que faz a vida ser tão difícil.

Provavelmente é verdade que a maneira como lidamos com o sucesso diz muito, ou talvez mais, a nosso respeito, do que a maneira como enfrentamos o fracasso. Ao aprender sobre como vencer a tentação, José seria desafiado pelo sucesso e pelas tentações que dele proveem. E demonstraria que as lições de Deus começavam a penetrar em seu coração jovem, mas amadurecido.

Em Gênesis 39, vemos como a saga da vida de José deu uma virada fascinante. Ele tornara-se propriedade de Potifar (Gênesis 37:36), um oficial de Faraó e o capitão da guarda. É aqui que José, como servo, aprenderia como ser um líder — com todos os seus altos e baixos.

### O poder do testemunho

Potifar era o "comandante da guarda" (Gênesis 39:1). Existem algumas discussões entre os catedráticos da Bíblia quanto ao que significava esta posição. Alguns dizem que ele era um guarda, outros creem que era comandante da guarda do palácio e outros ainda dizem que ele era o capitão dos carrascos. O que sabemos é que Potifar era rico o suficiente para ter muitos servos e escravos (Gênesis 39:11,14) e agora José fazia parte da sua coleção. José distinguiu-se como um jovem capaz e hábil, mas tornou-se claro que estes talentos não eram a razão da sua vida. Gênesis 39:2 nos dá a verdadeira razão: "O SENHOR era com José." A presença de Deus fazia a diferença.

Imagine quão doloroso deve ter sido, com a idade de 17 anos, não somente ser separado da sua família e ser vendido como escravo, mas saber que a sua própria família fizera isto! Como teria sido fácil encher-se de amargura e de ódio (como os seus irmãos)! Mas não foi assim com José. Apesar de estar longe de casa, a presença de Deus era bastante real em sua vida. Na verdade, este é o tema de Gênesis 39 (veja vv.2,3,21,23) e teve um impacto dramático em Potifar. Ele não podia deixar de reconhecer a presença de Deus na vida deste notável escravo. Imagine como foi forte o testemunho de José para Potifar, que era pagão, não somente ele reconheceu e admirou o caráter de José, mas atribuiu-o a Deus e não a José.

A clara implicação do texto é que José não se amargurou com os seus irmãos e não se sentiu escravizado pelas circunstâncias. Contentou-se na presença de Deus (Hebreus 13:5,6; Filipenses 4:10-13). Ele não lamentou a sua decepção, mas tornou-se útil ali onde estava. E Deus usou este coração cheio de fidelidade e contentamento.

Potifar reconheceu a presença de Deus na vida de José (Gênesis 39:3) e fez deste jovem escravo o mordomo de toda a sua casa (Gênesis 39:4-6). Agora, José supervisionava todos os outros servos, cuidava das relações públicas, supervisionava as finanças e era responsável pelas provisões da casa (um treinamento valioso para a tarefa posterior que receberia).

Tudo o que José tocava era abençoado. Agora, talvez uns dez anos após ter sido vendido como escravo, José estava no topo do mundo, e estava mais vulnerável do que nunca para enfrentar a tentação.

## O poder da tentação

Observe as palavras finais de Gênesis 39:6: "José era formoso de porte e de aparência." Ele tinha boa aparência e bom físico. Neste momento a esposa de Potifar entra em cena. A reação dela? Ela "...pôs os olhos em José..." (v.7). Ela teria se sentido muito a vontade nos Estados Unidos moderno. Uma pesquisa recente feita com 60 mil mulheres americanas apresentou resultados assombrosos: 47 por cento disseram que pensavam que as relações sexuais pré-conjugais são aceitáveis e 27 por cento apoiavam os relacionamentos sexuais fora do casamento. A esposa de Potifar tinha a mesma mentalidade. Ela se sentiu fisicamente atraída por este jovem, e por isso se ofereceu a ele.

Observe a resposta de José. Ele recusou suas insinuações devido às suas fortes convicções. Ele não as aprendeu de seu pai Jacó, nem de seus irmãos cheios de ódio, nem nas cortes do Egito pagão. Estas convicções foram aprendidas na presença de Deus. Ele não só lutou contra a tentação, mas tinha um plano de batalha que seguiria se ela continuasse a persegui-lo.

*Ele tinha as preocupações corretas (Gênesis 39:8-9).* José estava eticamente preocupado para que seus atos não ferissem outras pessoas, neste caso Potifar. O seu senhor havia depositado tanta confiança nele que José recusou-se a violá-la por um momento de prazer. Ele também enxergou além do imediato, olhou para o final, reconhecendo as consequências que esse pecado teria em seu relacionamento com Deus (Gênesis 39:9). Ele estava espiritualmente preocupado porque compreendeu que todo pecado é uma violação contra Deus. A oferta do prazer sensual não é digna do preço que traz consigo.

***Ele tinha a estratégia correta (Gênesis 39:10).*** Evitou o contato com ela. José compreendeu que deveria estar consciente da sedução do pecado e evitar as suas oportunidades. Tinha que manter-se alerta!

É como a história de um homem que buscou trabalho como operador telegráfico. Um a um, os candidatos foram entrevistados e rejeitados. Finalmente, chegou a sua vez. Ao responder às perguntas do entrevistador, distraiu-se pelo batuque que o entrevistador fazia com o seu lápis. Rapidamente traduziu-os em pontos e hífens (código de Morse), decifrou para o entrevistador a mensagem que estava enviando e deram-lhe o emprego.

***Ele conhecia a rota de fuga (Gênesis 39:12).*** Quando a mulher de Potifar finalmente conseguiu ficar a sós com José, ele correu o quanto pôde, deixando a sua roupa para trás. O que Sansão, Davi e Salomão não fizeram, José fez. Ele fugiu, tendo a coragem de manter suas convicções e sua integridade intactas. Ele é um exemplo do conselho que Paulo deu a Timóteo: "Foge, [...] das paixões da mocidade..." (2 Timóteo 2:22). Ele não flertou com o pecado, não argumentou ou procurou justificá-lo. José fugiu do pecado.

Apesar do ambiente ruim, da persistência da mulher e do seu treinamento espiritual limitado, José resistiu à tentação. Como?
- Reconheceu que pertencia a Deus.
- Reconheceu o efeito do pecado nos outros.

- Reconheceu o pecado como sendo desobediência a Deus.

O caráter piedoso deste jovem rapaz continuava sendo moldado. Em um mundo perfeito (ou em um seriado de TV de 30 minutos), o seu compromisso teria resultado em uma vida feliz para sempre. Mas a vida real não funciona desta maneira. A vida em um mundo caído, raras vezes recompensa a maneira correta de viver.

## O poder da vingança

Você já ouviu falar da fúria de uma mulher desprezada? José a vivenciou. Ele era governado por princípios, mas ela era governada pela paixão. E quando ela viu-se desprezada, suas paixões explodiram em raiva. Ela tinha a sua própria estratégia — a vingança.

- Ela mentiu para os homens da casa a respeito de José (Gênesis 39:13-15) — a segunda vez que usaram suas roupas para mentir a seu respeito.
- Mentiram a Potifar, a respeito de José (Gênesis 39:16-18).
- José foi novamente preso (Gênesis 39:19-20) e mais uma vez, imerecidamente.

Lembre-se que Potifar pode ter sido o capitão dos carrascos. No Egito antigo, o castigo por adultério eram mil chicotadas, mas o castigo por estupro era a morte. É possível que Potifar suspeitasse que a sua esposa estava mentindo. Pelo menos, sabia muito bem que esta acusação não correspondia ao caráter deste jovem rapaz. Mas no desespero por manter as aparências, tinha que fazer algo. Então, colocou José no cárcere.

José acabou em um calabouço por ter feito o que era correto. Protestamos: "Isso é injusto!" É verdade. Às vezes, a vida não é justa — mas a nossa responsabilidade é fazer o que é correto e deixar as consequências para Deus.

E agora, o que passará com José? Ele respondeu adequadamente à sua escravidão e à sua tentação. Como ele reagiria a este encarceramento?

## A presença de Deus

Mais uma vez, ele encontrou conforto na presença de seu Deus: "O Senhor, porém, era com José, e lhe foi benigno, e lhe deu mercê perante o carcereiro" (Gênesis 39:21). Teria sido fácil perguntar: "Para que ser bom e fazer o que é certo se terminarei aqui?" Mas José não fez isso. Ele descansou na presença de Deus, e Ele o abençoou mesmo na prisão (Gênesis 39:21-23).

Mais uma vez, José começou a aprender o que significa superar. Ele estava aprendendo através das dores, dos problemas, dos perigos e dos testes da vida. Todas estas coisas permanecem no foco certo quando as vemos pelas lentes dos propósitos soberanos de Deus. Podemos, então confiar em Sua vontade e conhecer a Sua misericórdia.

O caráter de José estava em construção enquanto ele era moldado pela adversidade, punido por homens e honrado por Deus. Gênesis 39 termina tal como começou — com José no cativeiro. Todavia, a sua sólida e firme fé no controle de Deus o ajudou a superar.

## Vencendo a decepção

Durante a sua carreira profissional de beisebol, Joe Torre ganhou campeonatos e títulos mundiais, prêmios "Luvas de Ouro" por suas habilidades no campo. Anos mais tarde, quando se tornou um locutor da equipe *Angels* (Os Anjos), da Califórnia, disse em uma transmissão, que pouco antes, naquela mesma noite, um menino o havia parado e feito uma pergunta interessante: "Você já foi alguém na vida?" Como esquecemos rapidamente!

Algumas vezes, somos devorados pela expectativa da pergunta: "O que você fez ultimamente por mim?" Certo treinador de futebol, depois de ganhar dez jogos seguidos, chegou ainda mais longe. Disse que a expectativa já não é: "O que você fez ultimamente por mim?", mas: "O que você fará por mim agora?" Como esquecemos rapidamente!

**Alguém se lembra?**
Certamente seria compreensível se José caísse em autocompaixão neste momento. Ele foi preso e tratado com rispidez. O Salmo 105:18 fala sobre José: "...cujos pés apertaram com grilhões e a quem puseram em ferros". Tudo isto pelo crime de honrar o seu senhor e manter-se sexualmente puro.

Entretanto, o Senhor permanecia com ele e José ascendeu a uma posição de liderança — mesmo na prisão. Deus lhe foi favorável "...e lhe deu mercê perante o carcereiro" (Gênesis 39:21) e este entregou todos os presos sob a autoridade e cuidados de José. Por quê? "...Porquanto o SENHOR era com ele, e tudo o que ele fazia o SENHOR prosperava" (Gênesis 39:23).

José ainda estava aprendendo as lições de liderança. E a paciência é uma das lições críticas sobre vencer na vida. Embora José estivesse preso injustamente mais uma vez, ele dedicou-se a ser útil onde estava. Serviu com fidelidade e esperou com paciência porque estava aprendendo que não estava ali por acaso. Ele não fora esquecido. Deus não somente lembrara dele, mas tinha um plano para José, que incluía o trabalho na prisão do Egito.

## O Deus que jamais esquece

José estava preso por desígnio divino. Em Gênesis 40:1 as peças do quebra-cabeças começam a se completar. Dois dos oficiais de Faraó — o copeiro-chefe e o padeiro-chefe — ofenderam o governante. Estes não eram apenas servos domésticos. Nos tempos antigos, com as intrigas de palácio e assassinatos era de suma importância que estes homens fossem totalmente leais. Mas de algum modo eles tinham falhado e foram colocados na prisão sob os cuidados de José (Gênesis 40:2-3).

Observe quem os entregou aos cuidados de José. Foi o comandante da guarda — Potifar (Gênesis 37:36; 40:4). José aceitou a responsabilidade e começou sua tarefa servindo a estes membros da casa de Faraó que haviam caído na desgraça. Este não foi simplesmente um acidente cósmico. Foi uma designação divina. Como é importante que entendamos e aceitemos isto. Não existe a coincidência. Deus está no controle de nossas vidas. Nada acontece por acaso. Tudo ocorre com um propósito.

Na universidade enfrentei um dilema. Jogava no time de futebol, mas também estava envolvido em um ministério itinerante. Houve um conflito de datas entre as duas atividades. Foram programadas atividades para a mesma data e eu tinha que optar por uma delas. Escolhi o jogo de futebol e comecei a procurar um substituto para o ministério com a viagem programada. Um dia antes da data destes eventos, me machuquei num jogo de futebol e fui proibido de participar do jogo seguinte. Rapidamente, mudei os meus planos e viajei com o time de ministério da igreja. No dia em que deveria jogar futebol, conheci a jovem que mais tarde se tornaria minha esposa! Depois deste acontecimento, soube que ela havia sido uma substituta de última hora para aquela viagem. Encontramos os nossos parceiros de vida numa viagem que, humanamente falando, nenhum dos dois deveria ter participado. Uma das grandes alegrias e desafios da vida é olhar com expectativa para a mão de Deus em todas as circunstâncias. José e estes dois oficiais despojados pelo rei encontraram-se na prisão no momento exato para o plano perfeito de Deus — embora eles, certamente, não tivessem escolhido estas circunstâncias para si.

### Não esqueçamos

Não deixe de observar isto. Apesar (ou talvez por causa) da sua própria dificuldade e sofrimento, José tornou-se sensível aos outros; qualidade que antes não possuía (Gênesis 37). Ele olhou para estes homens (Gênesis 40:6,7) e reconheceu sua dor e angústia. Como teria sido fácil afastar-se e pensar: "Ninguém se importa com o tratamento injusto que recebi. Por que haveria de me preocupar com os outros?" Mas ele não fez isso. A resposta de José perante a decepção da prisão injusta teve dois aspectos:

- *Vertical* — não permitiu que as suas circunstâncias influenciassem o seu relacionamento com Deus.
- *Horizontal* — não permitiu que a sua dor o impedisse de preocupar-se com os sofrimentos dos outros.

José poderia tê-los ignorado, mas não o fez. Ele teve a coragem de colocar de lado a sua adversidade pessoal e ajudar os que estavam sofrendo. A vida está repleta de decepções e perdas, mas podemos ser vencedores, recusando-nos a pensar somente em nós e tornarmo-nos egocêntricos. Em vez de gastarmos nossa energia em autocomiseração, podemos investir nosso tempo em aliviar as necessidades dos outros.

Por exemplo, um casal de missionários, na Índia, viu seus seis filhos morrerem, e criaram 300 crianças adotivas. Um homem, após a trágica enchente das Quedas de Toccoa, no estado da Geórgia (EUA), na qual a esposa e dois filhos haviam morrido, disse: "Toda vez que eu queria chorar, alguém precisava de ajuda e eu me sentia compelido a oferecer-me para ajudar. Fiquei tão envolvido em ajudar os outros que não tive tempo para preocupar-me comigo mesmo."

É assim que você reage à adversidade e à decepção? Ou você se deixa consumir por sua própria dor a ponto de não enxergar a dor dos outros? A sensibilidade às necessidades dos outros pode ser abafada pela preocupação com a decepção pessoal; o que não ocorreu com José. Ele não somente percebeu e preocupou-se, mas se envolveu.

### Não me esqueça

José interpretou os sonhos dos dois oficiais (Gênesis 40:8-19), assegurando-lhes que não era ele quem merecia o crédito, mas Deus. É um contraste notável em relação ao capítulo 37, quando contou orgulhosamente seus sonhos aos seus irmãos. Agora, a sua confiança estava no Senhor, não em si mesmo. Depois que José interpretou o sonho do copeiro-chefe, ele somente pediu-lhe que não o esquecesse (Gênesis 40:14,15).

Três dias mais tarde, ambos os sonhos foram cumpridos — exatamente como José os havia interpretado (Gênesis 40:20-22). Mais uma vez, José se recusara ao ganho pessoal e a ser egoísta. O seu cuidado e preocupação por estes homens foram maravilhosos em sua expressão de verdadeira humildade e caráter piedoso.

E como esta sensibilidade foi recompensada? "O copeiro-chefe, todavia, não se lembrou de José, porém dele se esqueceu" (Gênesis 40:23). Anteriormente, a pureza de José fora recompensada com prisão. Agora, o seu cuidado era retribuído com insensibilidade. E veja por quanto tempo — dois anos inteiros (Gênesis 41:1).

José foi abandonado — desta vez por um amigo, não um inimigo, e por muito tempo, não pouco tempo. Teria sido fácil para ele sucumbir à desilusão e à decepção. Mas esses são os resultados quando colocamos a nossa confiança em homens — e a confiança de José estava no Senhor. Mesmo que o copeiro o tivesse esquecido, Deus não o esquecera. Estes são os momentos que nos fazem cultivar uma qualidade indispensável de caráter — a confiança. Tiago 1:24 diz que podemos aprendê-la somente através de provas. Tiago nos ensina que sem paciência não haverá maturidade; e sem provações, atrasos e desilusões, não haverá paciência. Tem-se dito que um homem não é um herói porque é mais valente do que qualquer outro, mas porque é valente por mais tempo.

José tinha vencido a traição, a tentação e agora a decepção. As lições para tornar-se um vencedor moldavam sua vida — e ele finalmente estava pronto para Deus usá-lo de maneira especial.

## VENCENDO O SUCESSO

Há anos, Erwin Lutzer escreveu um pequeno livro, bastante útil, intitulado *Failure: The Back Door To Success* (Fracasso: a Porta dos Fundos Para o Sucesso). Este livro poderia ter sido escrito com relação a José. Muitas vezes, são necessários anos de fracassos e retrocessos para se atingir o "sucesso da noite para o dia".

Abraão Lincoln é um clássico exemplo. Ele fracassou em dois negócios, teve um colapso nervoso, suportou a morte de uma noiva e perdeu as eleições a cargos públicos pelo menos dez vezes num espaço de quase 30 anos. No entanto, de maneira incrível, ele foi eleito Presidente dos Estados Unidos. Os anos de fracasso o haviam preparado para lidar com os ares que circundam nas alturas do poder.

Contínuas decepções, fracassos aparentes e tragédias pessoais, não o derrotaram. Fortaleceram o seu caráter e o seu compromisso. Situação idêntica ocorreu a José. Depois de 13 anos de decepções, fracassos e tragédias, a luz do dia finalmente entrou em sua cela. Ele havia sido esquecido pelo copeiro do rei por dois anos. Foram dois anos de sofrimento contínuo, dor e solidão. Mas também foram dois anos de preparação e desenvolvimento de seu caráter. Chegara o tempo para o qual se havia preparado. No tempo perfeito de Deus, Gênesis 41 registra o que aconteceu quando o servo e a sua tarefa convergiram em um só momento.

## Sonhos que você gostaria de esquecer

O cenário estava preparado por dois sonhos que Faraó teve (Gênesis 41:1-8). Estes sonhos anunciavam uma calamidade que sobreviria a nação, mas a sua mensagem era incerta e o Faraó sentia-se perturbado. Tal como o copeiro e o padeiro dois anos antes, Faraó sentiu que estes não eram sonhos comuns. Por isso, buscou os homens mais sábios do seu reino, para interpretá-los.

Isto expõe um princípio significativo em nossa vida espiritual. Faraó estava sendo atribulado por coisas espirituais, fora do seu alcance. Mas havia grande perigo em buscar respostas espirituais nos lugares errados. Os seus homens sábios e seus mágicos não conheciam o Deus que estava lidando com Faraó, e suas respostas eram inadequadas para a agitação em seu coração.

Hoje em dia, existe grande fome espiritual. E dentro deste vácuo de verdade espiritual surgem as seitas, os falsos mestres e falsos líderes espirituais que descobrem que a fome espiritual das pessoas as torna presas fáceis para o engano.

As respostas devem ser buscadas na verdade revelada por Deus. As respostas vazias dos falsos mestres não têm o poder necessário para satisfazer as verdadeiras necessidades espirituais ou responder às questões espirituais cruciais do coração humano. Não encontraremos as respostas que necessitamos para as coisas que atormentam os nossos corações e mentes até que estejamos dispostos a aceitar a autoridade da verdade de Deus em nossas vidas.

## Um sonho lembrado

Diante da pressão pelo fracasso dos homens sábios do Faraó ao interpretar os sonhos, o copeiro-chefe lembrou-se de alguém que sabia interpretá-los (Gênesis 40:9-13). Ele recontou ao Faraó os sonhos que tivera na prisão e a interpretação precisa que havia recebido de um prisioneiro hebreu que lá estivera. José estava prestes a ter contato com um terceiro "sonho daquela trilogia" — e todos tinham ligação entre si.

- Sonhos de domínio sobre seus irmãos.
- Sonhos do copeiro-chefe e do padeiro-chefe.
- Sonhos das espigas e das vacas.

É interessante notar como estes sonhos se encaixam entre si. O segundo sonho interpretado por José colocou-o em contato com o terceiro sonho, o que fez com que os dois primeiros sonhos se cumprissem. As promessas que Deus fizera para José 13 anos antes, agora estavam para se cumprir. Aos olhos dos homens, pode parecer que o cumprimento destas promessas estava 13 anos atrasado. Mas no plano soberano de Deus este era o momento certo.

## Um sonho torna-se realidade

O Faraó estava sem outras opções, e chamou José. Na liberação de José do cárcere (Gênesis 41:14-16) vemos um segundo princípio vital — o caráter piedoso não é afetado pelas difíceis circunstâncias da vida. Sem deixar-se vencer pelo tratamento injusto e pelos anos de prisão, José prosseguiu com três qualidades evidentes:

*Dignidade* — "ele se barbeou" (os egípcios eram bem barbeados) e ele "mudou de roupa" (Gênesis 41:14). José vestiu-se adequadamente para apresentar-se ao rei. Ele tinha um senso do que é apropriado, que os anos na prisão não conseguiram apagar.

*Humildade* — "Não está isso em mim" (Gênesis 41:16). José não usou a situação para promover-se. Ele não tentou exaltar-se como o fizera anteriormente (Gênesis 37:5-10). Através de tudo o que aconteceu, aprendeu a colocar a sua confiança no Senhor, não em si mesmo. Como disse o teólogo escocês James Denney (1856–1917): "Nenhum homem pode provar ao mesmo tempo, que é inteligente e que Jesus Cristo é poderoso para salvar."

*Fé* — "Deus dará resposta favorável a Faraó" (Gênesis 41:16). Parece a resposta que Daniel (2:27-30) e Paulo (Atos 26) dariam no futuro. José expressou a sua fé e deu glória a Deus. Provavelmente pareceu uma resposta incomum vindo da parte de um prisioneiro e escravo.

O paciente investimento de Deus na vida de José estava apresentando os seus resultados. Estas primeiras palavras ditas por José após sua prisão revelaram que as lições haviam sido muito bem aprendidas.

### Um intérprete de sonhos

Faraó contou a José o seu sonho (Gênesis 41:17-36). O fracasso dos homens mais sábios do Faraó preparou o cenário para que a glória de Deus pudesse ser revelada através de um simples escravo. O que estava além do raciocínio humano, não estava além do Deus onisciente.

A resposta para os sonhos? "Deus manifestou a Faraó que ele há de fazer" (Gênesis 41:25). José havia aprendido que podia descansar na soberania de Deus. Os dois sonhos se confirmaram e se cumpririam porque Deus é Deus. A suprema lição que José havia aprendido por meio da escravidão, da prisão e do mau tratamento era de que Deus está no controle. Ele fará o que diz, pois está no comando.

José desafiou Faraó a ver os propósitos de Deus e fazer planos de acordo com os mesmos — porque se Deus assim o disse, isto haveria de acontecer. José ofereceu, com ousadia, conselhos ao rei daquele país, e o fez com sabedoria. Ele lhe orientou para planejar os anos de fome, sendo moderado durante os anos de fartura. José provara os benefícios do seu treinamento ao ver a necessidade e reagir de forma sábia. Como Gladstone disse: "Um grande estadista é um homem que sabe a direção que Deus está indo nos próximos 50 anos!" José sabia — quando ninguém sequer imaginava.

**A resposta ao sonho**
Faraó tomou uma decisão que mudaria o mundo da antiguidade. Ele nomeou José para supervisionar o suprimento de alimentos de todo o Egito. Por quê? Porque vira em José a característica mais importante de um verdadeiro líder. "Acharíamos, porventura, homem como este, em quem há o Espírito de Deus?" (Gênesis 41:38).

Devemos considerar outro princípio: as qualificações de um verdadeiro líder não são simplesmente físicas, mas também espirituais. Não se trata apenas de talento ou habilidade, mas de caráter e relacionamento com Deus. As qualidades importantes do caráter de um grande líder (que custou anos de sofrimento para José) são internas, não externas. Envolvem conhecer a Deus, e não apenas ser uma pessoa importante.

Mais uma vez o tempo de Deus foi perfeito. Dois anos antes, a habilidade de José em interpretar sonhos teria sido uma novidade. Agora, era um tesouro nacional. José fora elevado à posição que Deus havia prometido tantos anos antes. Ele foi exaltado sobre toda a casa de Faraó (Gênesis 41:40-45) e estava pronto para enfrentar e vencer os maiores testes que o sucesso traz a um líder. Ele estava pronto para:

- *A perseverança* — Não seria fácil para um hebreu governar o Egito. A pressão seria intensa, especialmente quando começasse a época da fome.
- *A ação* — As habilidades que José havia aprendido em pequenas tarefas agora seriam aplicadas numa tarefa maior.

- **O orgulho** — J. Oswald Sanders escreveu: "Nem todo homem pode carregar um copo cheio. Uma súbita promoção frequentemente conduz ao orgulho e à queda. O teste mais preciso de todos é o de sobreviver à prosperidade."

No entanto, José estava pronto para a pressão e a responsabilidade. Ele venceria porque estava preparado por Deus. Como Samuel Rutherford disse: "Louve a Deus pelo martelo, pela lixa e pelo forno. O martelo nos molda, a lima nos deixa afiados e o fogo nos purifica." José experimentou tudo isso e estava pronto para ser usado por Deus.

## Vencendo a amargura

Em um dos julgamentos de crimes de guerra, depois da Segunda Guerra Mundial, um dos réus após ouvir as acusações contra ele, respondeu ao promotor: "É a sua palavra contra a minha." A resposta do promotor foi profunda: "Não, é a sua palavra contra a palavra da vítima, que sobreviveu e está pronta para testemunhar contra você."

Nesta altura da história de José, certamente é difícil visualizá-lo como vítima. Agora, ele era o segundo homem mais poderoso da terra e tinha controle absoluto sobre o destino de milhões de pessoas — inclusive de seus irmãos que o haviam vendido como escravo tantos anos antes.

Muita coisa acontecera desde que José foi elevado ao poder (Gênesis 41). Os sete anos de fartura, anunciados pelos sonhos do Faraó aconteceram e se foram — e o plano de José funcionara perfeitamente. Os grãos tinham sido armazenados e agora, em meio aos sete anos de fome, o mundo estava vindo ao Faraó (e a José) em busca de alimentos. Em Gênesis 42, os irmãos de José vieram buscar comida e ele lhes proveu.

No decurso daquele encontro, José lhes fez perguntas e descobriu que o seu pai e irmão mais novo ainda estavam vivos. Então José começou a "mexer os pauzinhos" para um reencontro. Ele sentiu que os seus irmãos haviam mudado — mas por amor a Benjamim, tinha que ter certeza. Nos acontecimentos que se seguiram, ele os forçou a retornarem trazendo Benjamim. Então preparou o teste final. No banquete descrito no capítulo 43, deu a Benjamim cinco vezes mais do que aos outros irmãos, e eles não se ressentiram com o tipo de favoritismo que tanto haviam desprezado em José. Depois colocou Benjamim em uma situação de perigo, para testá-los. Será que protegeriam Benjamim ou o abandonariam tal como tinham abandonado José, há 20 anos?

Somente Deus pode ver o coração (1 Samuel 16:7), portanto José colocou em andamento o teste que os exporia e revelaria se realmente tinha ocorrido uma mudança genuína.

### Um plano para o teste (Gênesis 44:1-13)

Depois do banquete, José ordenou ao seu mordomo que fizesse diversas coisas: encher os seus sacos com mantimento, devolver o seu dinheiro e colocar a sua taça de prata na sacola de Benjamim.

Por quê? A única maneira pela qual José poderia testar o caráter dos irmãos era "retornar à cena do crime". Eles tinham que ser colocados na posição de escolher entre resgatar Benjamim com grandes riscos pessoais ou entregá-lo à escravidão para seu proveito pessoal.

Logo que os irmãos saíram de Canaã, José enviou os seus servos para alcançá-los e acusá-los do roubo de sua taça. Os irmãos reagiram chocados e confusos. Eles disseram que eram honestos baseados na devolução do dinheiro que haviam encontrado em sua primeira viagem. E sustentaram suas afirmações de honestidade com uma oferta audaciosa: "Aquele dos teus servos, com quem for achado, morra; e nós ainda seremos escravos do meu senhor" (Gênesis 44:9).

A natureza extrema da sua oferta tinha a intenção de provar a sua inocência e sinceridade. Eles certamente não fariam tal oferta se um deles fosse culpado. A resposta do mordomo no versículo 10 aumentou o perigo e a pressão: "aquele com quem se achar será meu escravo..." (Gênesis 44:10). Imagine a crescente tensão quando foram abertas todas as sacolas, uma após outra, e uma a uma continham somente o trigo. O mordomo examinou-as, desde o mais velho ao mais jovem. O estresse do momento chegou ao seu auge quando finalmente chegaram perto do jumento de Benjamim.

Imagine o choque e a dor quando a taça foi encontrada em sua sacola. Como poderia ter acontecido tal coisa? Eles estavam tão certos da sua inocência. Como reagiriam? "Então rasgaram as suas vestes..." (Gênesis 44:13). Eles estavam colhendo o que haviam semeado e neste gesto dramático de sofrimento mostravam a profundidade da sua dor e desespero. Eles reagiram à angústia de Benjamim da mesma maneira que Jacó havia respondido anos atrás quando lhe mostraram o manto colorido e ensanguentado que pertencera a José.

Agora a pergunta decisiva tinha que ser respondida. O acordo era que somente o culpado seria levado como escravo e os outros poderiam voltar para casa. A coisa mais fácil a ser feita seria deixar Benjamim e regressar a casa. Mas eles não fizeram isso. A inveja e ressentimento já não governavam os seus pensamentos e atos. Eles retornaram com Benjamim, determinados a enfrentar juntos o que quer que fosse. A evidência estava presente. Eles realmente eram homens transformados.

**Uma súplica por misericórdia (Gênesis 44:14-34)**
Observe a diferença em suas atitudes em relação aos anos passados:
- "...prostraram-se em terra diante dele [José]" (Gênesis 44:14), cumprindo a promessa dos primeiros sonhos de José.
- "Que responderemos a meu senhor? Que falaremos? E como nos justificaremos? Achou Deus a iniquidade de teus servos..." (Gênesis 44:16). Não havia desculpas ou racionalizações. Não havia tentativa alguma de esconder nada. Eles admitiram, através de Judá, a sua culpa e submeteram-se à escravidão como um grupo. Fomos "nós" e não "ele". José testou-os ainda mais, fazendo-lhes uma oferta de libertação — mas eles não a aceitaram.
- "Agora, pois, fique teu servo em lugar do moço por servo de meu senhor..." (Gênesis 44:33). Que grande reviravolta. O mesmo Judá que havia feito o plano de vender José estava oferecendo-se para ser o substituto de Benjamim e ser um escravo no Egito. Por quê? Por causa da sua preocupação com o seu pai (Gênesis 44:19-32). Ele reconheceu claramente que o jovem rapaz era o favorito de Jacó. Mas em vez de ressentimento por causa desta posição de favoritismo, ele anelava preservá-la, oferecendo-se.

Jesus disse: "Assim, pois, pelos seus frutos os conhecereis" (Mateus 7:20) e a mudança em Judá era verdadeira. Examinamos a obra de Deus na vida de José, mas Deus também trabalhou na vida de Judá e de seus irmãos.

### Um reencontro emocionante (Gênesis 45:1-15)

Para José, os anos de dor dissolveram-se num momento de alegria e em choro incontrolado na presença de seus irmãos. Eram lágrimas de alegria porque os seus irmãos, verdadeiramente, haviam mudado, e lágrimas de amor porque, no final, eles eram os irmãos que deveriam ser.

A atmosfera estava radiante quando José finalmente disse as palavras que tanto desejara falar desde que os viu chegar pela primeira vez em busca de alimento: "Eu sou José" (Gênesis 45:3). Mas eles ficaram aterrorizados. O sonho tinha se tornado realidade. José tinha o poder sobre a vida e a morte deles. O que faria? Observe a sua ternura em relação a eles:

- "E levantou a voz em choro" (Gênesis 45:2), expressando abertamente a sua emoção.
- "Agora, chegai-vos a mim" (Gênesis 45:4). Eles tinham estado separados por tanto tempo.
- "...não vos entristeçais [...] por me haverdes vendido para aqui..." (Gênesis 45:5). Este era um momento para se alegrarem.
- "Deus me enviou adiante de vós" (Gênesis 45:5,7,8). Eles deveriam confiar que Deus estava no controle.
- "...apressai-vos e fazei descer meu pai para aqui" (Gênesis 45:9,13). Era o momento para compartilhar a alegria.

O perdão resolveu a questão da culpa. Merrill Unger escreveu:

> José manifestou a sua profunda fé na onipotência de Deus — destronando Satanás, os poderes demoníacos

e os homens maus — para concretizar a Sua soberana vontade e o Seu plano infalível. A fé ergueu todo o crime sórdido da cova da miséria e autorrecriminação e o colocou no topo da montanha da divina soberania onde a graça do perdão de Deus não somente sara, mas apaga o passado e a dor (*Unger's Commentary on the Old Testament* [Comentário de Unger Sobre o Antigo Testamento] Moody Press, 1981, p.94).

José havia vencido todas estas coisas — particularmente a amargura poderosa que parecia ser tão normal. Exemplificou a graça, oferecendo perdão completo e não a vingança. Exemplificou o amor, descartando os erros do passado pela compaixão do presente. Exemplificou a fé, confiando que Deus o preservaria da amargura que conduz à autodestruição.

Fiquei profundamente comovido ao ler a respeito do sr. e sra. Robert Bristol, de Dearborn, Michigan, EUA. Em suas férias, eles viajaram para San Diego com o propósito de compartilhar Cristo com um homem que estava na prisão. O que tornou este episódio um fato extraordinário, foi o criminoso estar na prisão por estuprar e matar a sua querida filha. Esse é um espírito de misericórdia, nascido da graça. É amor total não nascido da facilidade, do conforto ou da conveniência, mas de sofrimento e dor.

Esta é a única maneira para superar a amargura. Quando confiamos em Deus e descansamos nele, podemos amar aos outros. Por quê? Porque cremos em um Deus que é grande o suficiente para fazer todas as coisas contribuírem para o nosso bem.

## A CONFIANÇA VITORIOSA

Lemos as palavras finais de José aos seus irmãos. Elas são um resumo do seu ponto de vista sobre a vida: "Vós, na verdade, intentastes o mal contra mim; porém Deus o tornou em bem, para fazer, como vedes agora, que se conserve muita gente em vida" (Gênesis 50:20). Esta maravilhosa perspectiva refletiu a vida de alguém que havia escolhido o Deus vivo e confiou totalmente nele. Ao enfrentar as dores e problemas e maus-tratos da vida, só poderemos vencer através da total confiança na bondade e no plano de Deus. As coisas que poderiam destruí-lo podem tornar-se blocos de construção na jornada da fé, ao buscar a mão de Deus em todas as circunstâncias da vida. "...e esta é a vitória que vence o mundo: a nossa fé" (1 João 5:4).

Se você nunca confessou os seus pecados e confiou em Jesus Cristo como seu Senhor e Salvador, então a vida pode tornar-se uma confusão total. Mas aquele que morreu pelos seus pecados e deu a Si mesmo por causa dos seus fracassos, pode justificá-lo diante de Deus, perdoar seus pecados e dar um novo sentido e propósito para a sua alma cansada. Cristo veio a este mundo por causa do Seu amor por você, e este amor pode acabar com o vazio, amargura ou pecados que abatem a sua vida.

Aceite, por fé, o dom da vida eterna e do perdão pessoal que Ele oferece, pois a única maneira de realmente vencer para sempre é aceitando a vitória do Calvário que Ele já venceu por você. "...o dom gratuito de Deus é a vida eterna em Cristo Jesus, nosso Senhor" (Romanos 6:23). Essa é a verdadeira vitória — e o verdadeiro triunfo!

# 3

# MOISÉS

O PREÇO DA SUA IRA

## NÃO É TÃO SIMPLES ASSIM!
Will Rogers discursou no Congresso Americano nos primeiros dias da Segunda Guerra Mundial. Naquele momento, havia grande preocupação em relação aos submarinos alemães e suas capacidades secretas. Ao falar aos líderes da nação, Rogers se expressou com humor, declarando que havia resolvido o problema dos submarinos. E lhes informou: "Tudo o que vocês precisam fazer é ferver a água dos oceanos. Quando a água tornar-se insuportavelmente quente, os submarinos virão à superfície e vocês conseguirão capturá-los!"

"E como faremos o oceano ferver?" perguntou um dos congressistas. Sem hesitação, Rogers falou com sarcasmo: "Ouçam, encontrei a solução, deixarei com vocês os detalhes."

**Muitos problemas são complexos**
O humor de Rogers nos lembra que não podemos resolver as complexidades da vida com soluções simplistas. Os seres humanos são criaturas complexas, e nossas circunstâncias são complicadas. Nossos problemas precisam ser compreendidos dentro de um contexto e em perspectiva:
- Se tudo o que soubéssemos de Noé fosse sobre o seu problema com o álcool, em Gênesis 9, pensaríamos que ele era um fracassado. Todavia, Deus o descreveu como "...homem justo e íntegro entre os seus contemporâneos" (Gênesis 6:9).
- Se tudo o que soubéssemos de Davi fosse o seu adultério com Bate-Seba, nunca imaginaríamos que ele foi, na melhor parte da sua vida, "...um homem que lhe agrada" (1 Samuel 13:14).

- Se tudo o que soubéssemos sobre Saulo, de Tarso, fosse o seu esforço em matar os seguidores de Cristo, nunca esperaríamos que se tornasse o escritor da metade do Novo Testamento.

O mesmo se aplica a Moisés. Se tudo que soubéssemos sobre ele fosse a ira que ocasionalmente o consumia, não veríamos que exemplo importante ele é para todos nós.

**Todos nós lutamos**
Você e eu conhecemos nossas próprias falhas, mais do que qualquer outra pessoa. Fora de casa, podemos causar a impressão de estarmos no controle. Mas o nosso cônjuge, filhos e amigos mais achegados muitas vezes veem o nosso outro lado. Podemos ficar contentes que alguns de nossos momentos mais constrangedores geralmente são conhecidos por somente algumas poucas pessoas!

Moisés não teve a mesma sorte. Este líder altamente capacitado e de boa formação, teve alguns de seus piores e mais lamentáveis momentos, registrados para sempre, na Bíblia, para que todo o mundo pudesse ver. Como resultado, aqueles que leem sua história, descobrem um homem que perdeu seu equilíbrio e a capacidade de julgar em momentos críticos. Parece que lutou com a ira, durante sua vida inteira — uma luta que às vezes perdeu e outras ganhou. Todavia, apesar das suas fraquezas pessoais, Deus o usou para:
- Livrar o seu povo da escravidão do Egito.
- Conduzir o povo de Israel à sua identidade nacional.
- Estabelecer as leis e estruturas de uma cultura totalmente nova.

- Orientar os israelitas para se tornarem uma comunidade de adoração, comprometida com um Deus que há muito tempo haviam esquecido.
- Advertir e aconselhar toda a nação.
- Liderá-los com propósito e bons resultados, mesmo diante de grandes críticas da nação onde viviam.

Segundo qualquer padrão de avaliação, Moisés teve uma trajetória marcante. Entretanto, ao longo da sua caminhada, foi afligido por um "calcanhar de Aquiles" — a sua ira. Ela o perseguiu por toda a sua vida.

**Todos nós somos vulneráveis**
Eu creio que o conceito de um "calcanhar de Aquiles" é exatamente o que o escritor da carta aos Hebreus do Novo Testamento estava dizendo, quando escreveu:

*...desembaraçando-nos de todo peso e do pecado que tenazmente nos assedia, corramos, com perseverança, a carreira que nos está proposta (Hebreus 12:1).*

"Do pecado que tenazmente nos assedia", é o problema. Pedro lutou com sua impulsividade, Salomão com seus olhos errantes e Abraão com o espírito de manipulação. E qual é o nosso problema? Qual é a fraqueza que nos assedia e ameaça com tropeços, em momentos críticos da nossa vida?

Para Moisés, claramente foi a ira.

# O PODER DA IRA

PARECE QUE HOJE ESTAMOS MAIS expostos à ira e vingança do que jamais estivemos. A violência doméstica, o abuso conjugal, guerras de gangues, fúria e agressões pessoais estão crescendo a patamares perturbadores. Os meios de comunicação indicam que a sociedade tornou-se "uma sociedade furiosa" — fato que as estatísticas parecem comprovar.

Entretanto, os mesmos meios de comunicação que apresentam a violência, também a promovem. Os shows de "bate-papo" tentam forçar conflitos violentos na tela; os filmes e shows da televisão expõem os confrontos de fúria. Os esportes profissionais parecem não encontrar uma forma de refrear a violência explosiva nos campos, deixando alguns atletas inutilizados, e os torcedores clamando por mais.

### Outro tempo, outro lugar

Não somos a primeira cultura a se alimentar de ira e violência. O antigo Egito apresentou algumas destas mesmas peculiaridades. Embora fosse considerada a sociedade mais civilizada e avançada dos seus dias, também foi uma cultura que atingiu os seus avanços pela exploração do trabalho escravo, cuja maior parte deles era os filhos de Israel. Como isto aconteceu?

Por anos, a população dos hebreus cresceu no Egito, sob a influência de José, o décimo primeiro filho de Israel (Jacó). Mas o livro de Êxodo 1:8 afirma que "se levantou novo rei sobre o Egito, que não conhecera a José" — e ele não sentia qualquer obrigação por cuidar da família de José. Este Faraó subjugou o povo de Israel e os escravizou.

Conhecemos, através das páginas e dos erros da nossa própria história, os trágicos efeitos permanentes que se infiltram na cultura que vive à custa da escravidão. A minissérie de televisão *Raízes* foi um marco; mostrou os efeitos desmoralizantes e desumanos da escravidão na América do Norte, no início dos anos 1800. As notícias vespertinas ilustram as persistentes consequências daquela tragédia. Os Estados Unidos continua a lutar com tensões raciais, cujas raízes são os abusos da escravidão, do passado.

O mesmo legado, sem dúvida, estava presente no Egito em atitudes e ações:

- Atitudes de desdém entre os egípcios pelos escravos hebreus, e de ira entre os hebreus pelos seus feitores.
- Ações de violência dos egípcios para manter o controle desta nação de escravos, e rebelião entre os escravos à medida que suas vidas se tornavam uma cansativa rotina de trabalho pesado e de sofrimento.

Os hebreus suportaram serem brutalizados e tratados de forma desumana por 400 anos. A ira e a violência que resulta da escravidão é trágica, mas inevitável.

## Quando a ira vem à tona

É interessante perceber que a palavra em hebraico para "ira" vem das palavras "rosto" e "narinas". Todos os que já enfrentaram uma pessoa verdadeiramente irada, compreendem o porquê. Quando a ira aumenta, distorce a nossa aparência — manifestação externa do furioso vulcão interno. A ira incontrolada pode corroer o coração e afetar o caráter de uma pessoa, como poucas outras emoções conseguem.

Todavia, a ira não é totalmente ruim. Na sua forma saudável, controlada e expressa de forma apropriada, pode motivar-nos a agir para que ocorram as mudanças necessárias.

Considere a ira de Jesus diante da hipocrisia dos líderes religiosos da Sua geração, e a ira de Paulo com relação ao legalismo dos cristãos de Gálatas.

Quando a ira é controlada, assemelha-se ao fogo de uma refinaria, que tempera o aço para deixá-lo mais forte. Quando é incontrolada, é tão destrutiva quanto as queimadas que acontecem em determinadas estações do ano. Quando descontrolada, nossa ira pode destruir-nos — e também aqueles a quem amamos.

Isso nos leva de volta a Moisés. O que ele fez com sua ira? Ela o fez acalmar-se ou o consumiu? Quando sua raiva refletiu o seu próprio medo, frustração e impaciência? Quando demonstrou paixão pelos interesses e preocupações de Deus?

Para esclarecer algumas complexidades da personalidade de Moisés, olharemos duas fases de sua vida. Primeiro, consideraremos sua aparente tendência para irar-se. Depois, iremos considerar as lições que ele aprendeu — pelo caminho mais difícil.

## MOISÉS E SEUS MOMENTOS DE IRA

MOISÉS FOI UM LÍDER NATURAL, apesar de não ter pensado assim sempre (Êxodo 3:11; 4:10). Ele foi abençoado com diversos dons:

- Formosura (Êxodo 2:2; Atos 7:20)
- Inteligência (Atos 7:22)
- Oportunidades sem igual (Atos 7:22)
- Eloquência (Atos 7:22)
- Habilidade de liderança (Atos 7:22).

Que ótimo currículo! Entretanto, quem muito recebe, deste, muito se exigirá. Mesmo nas melhores circunstâncias, isto é verdade — e Moisés não estava nas melhores circunstâncias. Enquanto tentava usar sua capacidade de liderança dada por Deus, ao mesmo tempo, procurava controlar o fogo ardente da ira interior devido à situação difícil do seu povo. Enquanto Moisés seguia a clara orientação de Deus, sua ira ocasionalmente o encolerizava e dominava o momento. Precisamos ver estes episódios de ira, e reconhecê-los pelo que significavam.

### A ira de Moisés devido à injustiça (Êxodo 2)

Aos 40 anos, Moisés fez uma escolha crítica: decidiu não identificar-se com a vida de privilégios na qual tinha sido educado, mas com os escravos hebreus, cujo sangue e herança ele compartilhava (Atos 7:21; Hebreus 11:24). Esta seria uma escolha surpreendente sob qualquer circunstância, mas torna-se ainda mais dramática ao descobrir-se o que ele deixou para trás:

- *Riqueza.* Ele cresceu em meio à grandeza e às emoções da corte do Faraó e poderia ter continuado a viver com conforto material.
- *Educação.* Ele havia sido "educado em toda a ciência dos egípcios" e poderia ter recebido todos os benefícios por ser um orador nacionalmente respeitado (Atos 7:22).
- *Fama.* Por 20 anos, ele tinha sido um alto líder militar, de muito sucesso. Josefo, o historiador judeu, diz que ele era um habilidoso general que deu uma brilhante vitória para o Egito, em guerra contra a Etiópia.

Não é surpreendente que Atos 7:22 nos diga que ele se tornou "poderoso em palavras e obras". Imagine a aclamação e a honra advindas destas conquistas. Porém, inacreditavelmente, Moisés afastou-se de tudo isto e tornou-se um escravo. Por quê? O escritor do livro de Hebreus disse que ele fez dois julgamentos críticos quanto aos reais valores:

*Preferindo ser maltratado junto com o povo de Deus a usufruir prazeres transitórios do pecado; porquanto considerou o opróbrio de Cristo por maiores riquezas do que os tesouros do Egito, porque contemplava o galardão. Pela fé, ele abandonou o Egito, não ficando amedrontado com a cólera do rei; antes, permaneceu firme como quem vê aquele que é invisível (Hebreus 11:25-27).*

É interessante que esta perspectiva do Novo Testamento descreve a resposta sadia de Moisés à ira de outra pessoa. Esta passagem nos diz que Moisés não temia enfrentar a ira do Faraó, que o criou em sua própria casa.

Se Moisés tivesse permanecido na corte do Faraó, teria tido riquezas e privilégios sociais, mas apenas por um curto espaço de tempo. Instruído por Deus, Moisés percebeu que era decisivo ao tomar decisões — olhar além do momento e ver o resultado da decisão.

Não temendo a ira de Faraó, Moisés olhou além daquele momento. Podemos deduzir que ele, provavelmente, sentiu alguma ira sadia ao observar os maus-tratos sobre o povo escravizado de Israel.

O que sabemos é que Deus deu a Moisés a sabedoria para perceber que escolhendo os prazeres imediatos da sua adoção como neto de Faraó (riqueza material, educação, fama), não merecia ser comparado com a contínua honra por defender sua própria carne e sangue de situação tão árdua.

Entre aqueles que reverenciam o sucesso material, tal escolha seria ridícula, traria zombaria e questionaria a sanidade mental. No entanto, este foi o melhor momento de Moisés. Ele fez a escolha certa. Mesmo que não compreendesse tudo que sua escolha envolvia naquele momento, ele deixou o ambiente fino do império egípcio para sofrer com aqueles que necessitavam sua ajuda.

Ironicamente, no entanto, a ira sadia que Moisés deve ter sentido em favor de seus parentes escravizados, acabou colocando-o em dificuldades. Quando ele tentou, com sua própria força, ajudar um de seus irmãos hebreus que estava sendo espancado por um feitor egípcio, este evento transformou a sua vida. As emoções de Moisés o dominaram e ele cometeu um crime movido pela paixão — matou o egípcio e escondeu seu corpo na areia.

Infelizmente, os motivos de Moisés não eram totalmente puros. A razão motivadora deste ato não é relatada em Êxodo. No entanto, a descobrimos no discurso de Estevão, em Atos 7. A análise de Estevão sobre os atos de Moisés nos dá um esclarecimento adicional de que Moisés matou o egípcio porque queria apresentar-se como o libertador da nação escravizada:

*Ora, Moisés cuidava que seus irmãos entenderiam que*
*Deus os queria salvar por intermédio dele; eles, porém,*
*não compreenderam (Atos 7:25).*

Moisés, sem dúvida estava certo em relação ao mau tratamento do escravo. A sua resposta, porém, revelou que ele ainda não estava preparado para a tarefa que o aguardava. Como Merrill Unger escreveu: "Ele necessitava de um preparo divino, como demonstra sua reação ao matar um feitor egípcio, em sua ira." Ele jamais seria capaz de realizar esta libertação em sua própria força e esperteza, e para ele foi vital aprender esta lição.

Este impetuoso ato de raiva, muito lhe custou. Ele passou os 40 anos seguintes da sua vida como exilado e fugitivo, no deserto de Midiã — uma situação muito distante da posição de poder e autoridade que ocupara anteriormente. Alguns dizem: "A vida começa aos 40" — mas Moisés deve ter pensado que a sua vida acabara aos 40.

## A ira de Moisés resultante da rebelião de Faraó contra Deus (Êxodo 11:8)

Quarenta longos anos haviam passado nas areias do deserto. Moisés aprendeu a ser humilde na aridez do deserto. Agora estava prestes a enfrentar um novo desafio. Deus o enviava novamente à corte do Faraó.

O momento da verdade ocorreu no deserto. Deus surpreendeu Moisés, falando-lhe do meio de uma sarça ardente (Êxodo 3,4). Da sarça, Deus disse a Moisés que iria usá-lo para tirar o Seu povo do Egito.

Não parecia uma boa ideia para Moisés. Ele lembrava-se de seu último esforço para ser um herói. Entretanto, por causa da conversa junto à sarça ardente, Moisés compreendeu que tinha pouca escolha a não ser retornar ao lugar do qual havia fugido.

Imagine a agitação interior que Moisés deve ter sentido em seu coração ao retornar ao local onde passara os seus primeiros 40 anos de vida. Nesta ocasião, a situação era diferente. Ele já não pertencia ao mundo refinado do Egito, sendo preparado para a grandeza. Vestia-se agora com roupas simples de um pastor nômade, para exigir do homem mais poderoso da terra que libertasse os trabalhadores do Egito.

Desta vez, Moisés não se apresentou com suas próprias forças. Ele sabia que se algo acontecesse, seria somente pelo poder de Deus.

Qual foi a parte de Moisés? Sua responsabilidade era confiar em Deus o suficiente, para se apresentar à corte egípcia e dizer ao Faraó o que Deus lhe havia ordenado falar. Moisés não precisava libertar, mas tinha que crer em Deus e fazer sua parte.

O plano de Deus era realizar uma série de intervenções sobrenaturais — pragas que atacariam a espiritualidade no Egito. Cada praga milagrosa tinha correlação direta com a religião egípcia, baseada na natureza. O único Deus verdadeiro provaria a Sua autoridade como Criador, permitindo que a Sua criação ridicularizasse a idolatria do Egito politeísta.

Quando todas estas apresentações sobrenaturais terminassem, não haveria qualquer dúvida na mente de Moisés de que poderia confiar em Deus, que Ele supriria as exigências dos dias de provação que estavam à sua frente. Tendo presenciado o poder de Deus, os hebreus podiam ter esperança num futuro, com o qual nunca ousaram sonhar anteriormente.

Observe como as pragas expressaram a justa ira de Deus com respeito aos ídolos e falsos deuses do Egito:

1. *O Nilo se transformou em sangue (Êxodo 7:14-25).* O Nilo era o centro da religião egípcia e a fonte de agricultura da nação. Os deuses Hapi e Osiris supostamente protegiam o rio.
2. *Multidões de rãs (Êxodo 8:1-15).* No Egito, Heqt, a deusa rã, era o símbolo da fertilidade e ressurreição.
3. *O pó da terra se tornou em piolhos (Êxodo 8:16-19).* A palavra hebraica para piolho é *kinnim*, e se refere a mosquitos.

4. ***Enxames de moscas (Êxodo 8:20-32).*** A natureza exata destes enxames não está clara, mas alguns comentaristas creem que se tratava de um inseto sanguessuga, que põe seus ovos em outras criaturas e "se multiplica com um apetite voraz, atacando todo o homem, infligindo-lhe feridas dolorosas". Kheper, representado pelo besouro, era o inseto-deus que se tornou impotente na terceira e quarta praga.
5. ***Pestilência (Êxodo 9:1-7).*** Esta era uma doença fatal para o gado, o qual também era considerado sagrado e supostamente protegido pelo deus-boi, Ápis e pela deusa-vaca, Hathor.
6. ***Úlceras (Êxodo 9:8-12).*** Estas feridas doloridas eram vistas como um fracasso de seu deus pessoal de cura, o deus Thoth.
7. ***Chuva de granizo (Êxodo 9:13-35).*** Esta praga destruiu as colheitas e os suprimentos de comida. Nut, o deus-céu, falhou em parar este desastre causado pela temperatura.
8. ***Gafanhotos (Êxodo 10:1-20).*** Um gafanhoto pode comer o seu próprio peso diariamente e registraram-se enxames de gafanhotos de 1.036 km² (um único km² de enxame poderia consistir de 100 a 200 milhões de gafanhotos). Osiris, o protetor da agricultura, era visto como o deus ineficaz nesta praga.
9. ***Trevas (Êxodo 10:21-29).*** Rá, o deus-sol do Egito, foi o deus ridicularizado por esta praga — uma praga de trevas tão espessas que se podia sentir.
10. ***A morte dos primogênitos do homem e do animal (Êxodo 11:4,5; 12:29,30).*** Esta praga marcou o fracasso

do próprio Faraó, que era considerado um deus. Ele não tinha poder para interrompê-la — e perdeu o seu próprio primogênito.

Este foi o último ataque à idolatria do Egito. Deus executou Sua justa ira sobre Faraó e sobre os deuses do Egito.

O Deus dos hebreus demonstrou que Ele era, de fato, o único Deus verdadeiro com poder e autoridade sobre toda a criação, e que Ele usaria todos os meios necessários para assegurar a liberdade do Seu povo.

Todavia, mesmo com o sofrimento gerado por estas pragas, Deus demonstrou a profundidade de Suas misericórdias. Ele encontrou uma forma de escape para a décima e última praga. Deus advertiu, antecipadamente, que os primogênitos iriam morrer, mas Deus proveu o necessário para evitá-lo. O primogênito não necessitava morrer, desde que um substituto morresse em seu lugar.

O primogênito viveria se um cordeiro, sem mácula, fosse sacrificado e o seu sangue colocado no umbral da porta da casa. Nessas casas, o anjo da morte passaria sem feri-las. (A festa da Páscoa dos judeus tinha começado, lembrando Israel deste fato). Não é de admirar que o escritor do livro de Lamentações escrevesse: "[As misericórdias do Senhor] renovam-se cada manhã. Grande é a tua fidelidade" (Lamentações 3:23). Mesmo em meio ao julgamento divino, Deus demonstrou a fidelidade de Suas misericórdias.

Os julgamentos do Egito que não precisariam ter acontecido. Deus é misericordioso e bondoso e providenciou uma maneira para o Egito evitar o julgamento, mas Faraó endureceu seu coração contra as admoestações de Moisés — e sobrevieram as calamidades. Esta rebelião trouxe o castigo de Deus e motivou a ira de Moisés que respondeu ao coração endurecido de Faraó com esta profecia enigmática relatando os resultados da praga final:

*Então todos estes teus oficiais descerão a mim e se inclinarão perante mim, dizendo: Sai tu e todo o povo que te segue. E, depois disto, sairei. E, ardendo em ira, se retirou da presença de Faraó (Êxodo 11:8).*

Desta vez, a ira de Moisés era sadia. A sua ira com o Faraó refletia a desaprovação de Deus, e a tragédia que se seguiu devastou toda uma geração do Egito. Deus mostrou o Seu poder sobre os deuses do Egito. Ele usou uma série de pragas para quebrar as mãos pesadas de Faraó sobre os filhos de Israel. Finalmente, pelo poder de Deus, uma nação escravizada escapou dos limites e exércitos do Egito. Mas os desafios que Moisés enfrentaria ainda não haviam terminado!

## A ira de Moisés pela idolatria dos hebreus (Êxodo 32:19)

Estando Moisés há algumas semanas no deserto, Deus o chamou ao topo de uma montanha rochosa e árida, chamada Sinai. Enquanto o povo de Israel esperava lá embaixo, Deus escreveu Suas leis em duas tábuas de pedra, para uma nova sociedade.

Olhando para trás, podemos ver algumas coisas que Deus estava fazendo. Para qualquer nação funcionar de uma forma adequada, deve existir um sistema de leis. Para Israel, entretanto, o valor destas leis foi elevado dramaticamente pelo fato deles não serem apenas uma nação de pessoas — eles eram o povo de Deus. As leis de Deus, observadas pelo povo de Deus, visam demonstrar a bondade de Deus ao mundo.

As leis da nova sociedade foram resumidas em Dez Mandamentos que indicariam se eles tinham ou não amor por Deus e uns pelos outros.

**_Uma violação imediata (Êxodo 32:1-14)._** Embora estas leis fossem extremamente importantes, o povo de Israel as quebrava enquanto estavam sendo dadas a Moisés. Os quatro primeiros dos Dez Mandamentos conclamavam a adoração apropriada a Deus. Mas, quando Moisés prostrou sua face adorando o Deus invisível no alto do Sinai, o seu irmão Arão estava no sopé da montanha, fazendo um bezerro de ouro para os corações de pedra do povo.

É difícil crer na rapidez que os israelitas perderam a noção da realidade. Como o Deus invisível que demonstrou o Seu poder sobre o mundo material visível, por meio das pragas, da divisão das águas do Mar Vermelho e da provisão diária de comida e água, poderia ser reduzido a uma obra de arte feita por mãos humanas? À semelhança da descrição do paganismo relatada em Romanos 1:18-23, eles voltaram a adorar a criatura em lugar do Criador.

Seus atos revelaram o pouco que haviam aprendido. Enquanto Deus falava a Moisés na montanha, os hebreus se corrompiam lá embaixo — e agora era a hora de pagar o preço. Moisés estava furioso.

**_Moisés irou-se novamente (Êxodo 32:15-30)._** É importante que vejamos os eventos que se seguiram através dos olhos de Moisés. Ele acabara de passar 40 dias em comunhão com Deus e vira somente o que era puro e santo. Mas quando desceu da montanha, experimentou um choque cultural inesperado. O adultério religioso que Moisés viu ao pé da montanha profanou o relacionamento com Deus, que o havia envolvido.

Como Moisés respondeu? O que Josué pensou ser o ruído de guerra, Moisés, o profeta, reconheceu como o tumulto do pecado. Ele provavelmente sentiu uma variedade de emoções que incluía temor, frustração e desespero. Seus atos também indicaram que ele fora tomado pela ira. Em aparente ato de fúria, Moisés quebrou as tábuas nas quais Deus havia gravado as leis que agora o Seu povo estava infringindo. Em aparente expressão de ira contínua latente, ele destruiu o bezerro de ouro e fez três mil adoradores beberem dos seus resíduos, espalhados sobre as águas.

A primeira parte da sua reação é problemática. Não há dúvidas de que a idolatria de Israel merecia uma forte resposta. Mas destruir as tábuas da lei escritas pelo dedo de Deus parece uma demonstração de temperamento descontrolado. Por mais compreensível que possa ser sua ira pela sua nação, parece difícil justificar seu ato ao quebrar as tábuas que Deus havia escrito com Sua própria mão.

Que cena visual! O seu falso deus (o bezerro de ouro) não foi capaz de salvar a si mesmo de Moisés, nem mesmo salvar o povo da ira de Deus por causa da sua idolatria.

Será que Deus usou o temperamento de Moisés para nos dizer algo sobre a lei que Ele estava dando? Por mais importante que seja a lei nos mostrar o que significa ter um relacionamento correto com Deus, ela não pode salvar aqueles que a transgridem. Uma lei não observada pode condenar, mas a lei em si não pode salvar.

***A ira de Moisés por sua decepção com Deus (Números 11:10).*** O velho ditado muitas vezes é verdadeiro: "Cuidado com o que você pede, porque poderá recebê-lo!" Depois de acreditar que havia sido escolhido para liderar o povo de Israel, após fracassar por agir com forças próprias e depois de ter sucesso por meio das forças que Deus lhe deu, Moisés tornou-se um líder. Entretanto, este "sonho que se tornou realidade" tornou-se um fardo que ele não só não desejou carregar, mas pelo qual ficou irado com Deus! Observe a descrição que parece revelar a frustração de Moisés e a sua ira para com Deus:

> *Então, Moisés ouviu chorar o povo por famílias, cada um à porta de sua tenda; e a ira do* SENHOR *grandemente se acendeu, e pareceu mal aos olhos de Moisés. Disse Moisés ao* SENHOR*: Por que fizeste mal a teu servo, e por que não achei favor aos teus olhos, visto que puseste sobre mim a carga de todo este povo? Concebi eu, porventura, todo este povo? Dei-o eu à luz, para que me digas: Leva-o ao teu colo, como a ama leva a criança que mama, à terra que, sob juramento, prometi a seus pais? Donde teria eu carne para dar a todo este povo? Pois chora diante mim, dizendo: Dá-nos carne a comer que possamos comer. Eu sozinho não posso levar todo este povo, pois me é pesado demais. Se assim me tratas, mata-me de uma vez, eu te peço, se tenho achado favor aos teus olhos, e não me deixes ver a minha miséria (Números 11:10-15).*

Encontramos a palavra-chave neste texto no versículo 10, onde Moisés está "mal". As mesmas palavras estão em Números 11:1 — com maior força, Deus está "insatisfeito" (literalmente "queixou-se o povo de sua sorte aos ouvidos do SENHOR"), e o resultado foi a Sua intensa ira. No versículo 10, a palavra "insatisfeito" é tão similar em significado "pareceu mal aos olhos de Moisés" que espelhava a ira e o descontentamento de Deus.

Entretanto, é importante observar que a justa ira de Deus era contra a infidelidade dos hebreus, mas a ira de Moisés era contra o próprio Deus. Na raiz da sua ira havia frustração pura. Por quê? Porque mais uma vez, Moisés procurou desempenhar sua liderança com forças próprias e a pressão era esmagadora.

***A ira de Moisés pelas queixas dos hebreus (Números 20:8-11).*** Depois de liderar um povo teimoso através do deserto por 38 anos, Moisés falhou novamente. Desta vez vemos a ira de Moisés, e não um reflexo da ira de Deus. Era frustração humana. É como dizia o adesivo do carro de uma mulher: "Só me resta um nervo, e você está começando a provocá-lo." Moisés estava saturado — e já não se importava se alguém o percebesse.

Em Números 20, o povo queixou-se novamente e por falta de água. No passado, Deus havia instruído Moisés para ferir a rocha, e teriam água (Êxodo 17:6). Desta vez, entretanto, ele somente deveria falar à rocha. Mas Moisés, movido pela ira, desobedeceu. Ele deixou transparecer sua frustração com o povo, chamando-os de "rebeldes"(v.10). Junto a Arão, ele reivindicou crédito pela água milagrosa, ao dizer: "Porventura, faremos sair água desta rocha para vós outros?" Então Moisés feriu a rocha pela segunda vez (Números 20:8-11).

Um comentarista de assuntos bíblicos apresentou-o desta forma:

> Então, por fim, Moisés explodiu! Ele estava decepcionado pelo Senhor não ter se irado contra o Seu povo, depois de isto ocorrer tantas vezes? Moisés explodiu com eles — e contra a rocha — para seu remorso eterno

[...] Em seu furor, Moisés desobedeceu às instruções claras que o Senhor lhe dera — falar à rocha.

No relato deste evento, registrado em Salmo 106:32,33, Moisés expôs seu coração irado, completamente. Lemos na tradução NVI: "Provocaram a ira de Deus junto às águas de Meribá; e, por causa deles, Moisés foi castigado; rebelaram-se contra o Espírito de Deus, e Moisés falou sem refletir."

Que trágico. Parece que Moisés havia retornado ao lugar onde tudo começou — apresentando-se como resposta às necessidades do povo ao invés de apresentar Deus como resposta — assim como tinha feito quando matou o feitor egípcio. Para Moisés, a batalha com a ira não era apenas a luta de um dia, uma semana, ou um ano, mas uma batalha que durou toda a sua vida. E isto lhe custou caro. A sua missão de vida terminou pouco antes de alcançar o objetivo. Ele perdeu o privilégio de conduzir a entrada dos filhos de Israel à Terra Prometida.

## LIÇÕES QUE MOISÉS PRECISOU APRENDER

Há alguns anos tive o privilégio de ensinar pastores na antiga União Soviética. Muitos desses pastores tinham grande conhecimento e compreensão, mas as classes que lecionei foram os primeiros ensinos formais que eles haviam recebido.

Não deveríamos nos surpreender que Deus seja tão criativo. Ele não se limita às nossas ideias de "educação superior":

- Davi foi treinado como pastor de ovelhas, mas foi o Rei de Israel.

- Os discípulos foram treinados como pescadores, mas chamados para serem apóstolos e evangelistas.
- Paulo foi treinado como um rabino judeu, porém chamado para evangelizar os gentios.

Para ensinar lições significativas a Moisés, a graça e a paciência de Deus se manifestaram repetidamente em sua vida — moldando, exercitando, ensinando-o. Quais foram essas lições? Ao revermos a vida de Moisés, veremos as lições que Deus queria que ele aprendesse — um caminho mais honroso do que as explosões ocasionais de sua ira.

## Lição n.º 1: Solitude com Deus

Davi, Paulo e os 12 Apóstolos não somente foram usados de forma grandiosa por Deus, todos estes indivíduos tinham algo em comum. Foram treinados para servir investindo tempo considerável, a sós com Deus.

Há muito que aprender na sala de aula do deserto e na experiência de solitude com Deus. É ali que começamos a compreender a grandeza de Deus e o quanto dependemos dele. No deserto começamos a descobrir a alternativa para os caminhos da ira e da autoproteção.

Para Moisés, a escola do deserto foi a terra de Midiã, uma parte da península do Sinai. Tratava-se de uma área montanhosa, com algumas pastagens para os rebanhos dos nômades. Moisés chegara ali ao fugir do Egito — era a consequência por ter matado um feitor egípcio. Entretanto, é maravilhoso como Deus usou esta experiência do deserto e permitiu que ela contribuísse para o bem, na vida de Moisés. O tempo do exílio tornou-se um tempo de preparação, treinamento e desenvolvimento espiritual.

Foi nesta terra, com este povo, que Moisés encontrou refúgio e paz. Assim como os hebreus, os midianitas eram descendentes de Abraão. Eles fizeram amizade com "este homem sem país" e lhe deram um lar, uma família e uma vida. Moisés tinha se afastado muito das coisas que aprendera a considerar seu destino. Foi nesta vida simples que Moisés começou a aprender as lições que Deus queria ensinar-lhe.

Lembre-se que Moisés havia crescido nas escolas do Egito, as quais tinham as suas raízes no politeísmo. Os midianitas, entretanto, eram monoteístas e ainda comprometidos ao Deus de Abraão. Jetro, que tornou-se o sogro de Moisés, era o sacerdote de Midiã (Êxodo 2:15-22; 3:1). É provável, neste ponto da História que Midiã fosse o único lugar onde Moisés pudesse ter aprendido a respeito do único Deus verdadeiro — e foi ali que Deus o conduziu! No solo de treinamento do deserto, Moisés iria se encontrar com Deus.

Deus não somente sabe o que necessitamos para o nosso desenvolvimento espiritual, Ele também é capaz de prover e implacável em realizá-lo. Imagino que houve momentos em que Moisés sacudiu sua cabeça e se perguntou: "Como foi que cheguei aqui?" Posso imaginar porque tive os mesmos pensamentos, muitas vezes, à medida que Deus ia revelando o Seu plano para o meu treinamento espiritual.

## Lição n.º 2: Humildade

Em Atos 7:25, Estêvão disse que Moisés sabia que ele iria ser o libertador de Israel. Ele havia matado o egípcio, na tentativa de libertar o seu povo do Egito, pelas suas próprias forças. Ele procurara ser o libertador, sem pensar em Deus. Mas onde

ele foi parar após sua fracassada tentativa de liderança? Veja o quão longe ele foi:
- Ele não estava no palácio, mas encontrava-se no deserto (humilhante).
- Ele não estava liderando uma nação, mas pastoreando ovelhas (muito humilhante).
- Ele não estava a serviço do grande Faraó, mas a serviço de seu sogro (humilhação radical).

Esta não foi uma "escola bíblica de férias". Ele passou 40 longos anos no deserto, aprendendo a ter comunhão com Deus, escapando dos falsos valores e ideias religiosas perigosas do Egito, e analisando detalhadamente as verdades que os seus pais e Jetro lhe haviam ensinado.

Quando Deus chamou Moisés no final daqueles anos, o que ele havia aprendido? Ele aprendera a se contentar com uma tarefa humilde como pastor de ovelhas. Ele aprendera a reconhecer sua própria fragilidade. Começou a aprender a mansidão na vida dura do deserto (Números 12:3).

## LIÇÃO N.º 3: DEPENDÊNCIA

Após longos anos de preparação, Moisés estava pronto para a tarefa. A humilhação do grande homem do Egito foi uma parte vital do treinamento de Moisés para a liderança, e Deus estava por trás de tudo, preparando o Seu homem para servir.

Ao chegar o tempo da libertação, Deus preparou-se para responder aos gemidos do povo, em escravidão (Êxodo 2:23-25) e chamou Moisés com 80 anos de idade para a tarefa, para a qual nascera. Enquanto pastoreava os rebanhos, Moisés viu uma sarça ardente — mas que não se consumia (Êxodo 3:1-2). Era algo assombroso e Moisés sentiu-se impelido a investigar.

Agora chegara o primeiro teste de Moisés: ele era suficientemente humilde?

Sem qualquer dúvida, a resposta foi sim. Sob ordens de Deus, Moisés se humilhou e tirou suas sandálias. Depois de todo este tempo, foi-lhe oferecido o trabalho que tanto sonhara, mas ele o negou repetidas vezes. Por quê? Porque ele agora sentia-se incapaz de cumpri-lo. Quarenta anos pastoreando ovelhas lhe ensinou lições de humildade que precisava aprender e ele o demonstrou, dando a Deus um relato deprimente de suas falhas e não um resumo de seus gloriosos feitos (Êxodo 3-4).

Será que este era o mesmo Moisés que era "poderoso em suas palavras e obras"? Agora Moisés estava dizendo: "Eu não sou ninguém. Não tenho todas as respostas. Não tenho qualquer significado. Minhas maiores habilidades não têm valor." Definitivamente não era o que Moisés pensava 40 anos antes. Ele gastara este tempo de treinamento de forma proveitosa. Em vez de confiar em sua própria força e sabedoria, agora Moisés firmava-se em Deus — e isto faria toda a diferença!

O Senhor havia preparado Moisés por 80 anos, e iria usá-lo para libertar o Seu povo da escravidão e trazê-lo à Terra Prometida.

Jeová havia investido com paciência e cuidado em Moisés — e Moisés cresceu em humildade. Como um oleiro que trabalha com o barro, assim Deus havia trabalhado na vida de Seu homem. Lembre-se: "Aquele que começou a boa obra em vós há de completá-la até ao Dia de Cristo Jesus" (Filipenses 1:6).

## Lição n.º 4: Confiança espiritual

Moisés se apresentou diante de Faraó alicerçado em Deus e tornou-se o Seu instrumento para libertar os filhos de Israel.

Posso somente imaginar o feliz alívio que foi para eles deixarem 400 anos de dor e escravidão para trás.

Infelizmente, esta alegria foi de pouca duração. Pouco depois de iniciarem o seu êxodo, os hebreus começaram a mostrar a Moisés o que significava viver sob pressão. E para piorar as coisas, Faraó tinha segundas intenções ao liberar as suas forças de trabalho.

A situação atingiu um clímax, nas margens do Mar Vermelho, quando Moisés tornou-se a corda humana num cabo-de-guerra titânica. Como ele enfrentou a pressão? Confiando no Deus que o havia chamado, preparado e lhe garantira sucesso, em assegurar a liberdade para Seu povo. A confiança de Moisés alicerçava-se em sua...

***Confiança de que Deus os havia conduzido até aquele momento.*** Por mais terrível que tivesse sido a situação, Deus os guiara dando-lhes um sinal visível. Embora Ele seja o Deus invisível, Ele lhes aparecia em forma de uma coluna de nuvem de dia e uma coluna de fogo, à noite (Êxodo 13:21-22). Para onde quer que a coluna se movesse, o povo também se movia naquela direção, incluindo as margens do Mar Vermelho com os exércitos de Faraó, atrás deles.

***Confiança de que Deus ainda era superior às circunstâncias.*** Moisés havia aprendido muito com as pragas. Deus havia derrotado os deuses falsos do Egito, as forças da natureza, e o coração endurecido de Faraó, para livrar Seu povo da escravidão. Seria lógico presumir que este desafio não estava além da Sua habilidade.

***Confiança de que Deus ainda tinha a intenção de livrá-los.*** Após tudo que Deus havia feito para tirá-los do Egito, o povo ainda não acreditava que Ele iria protegê-los.

Eles haviam ouvido a respeito da sarça ardente que falava de uma promessa de liberdade. Mas eles tinham ouvido a história por terceiros. Entretanto, Moisés tinha sido o receptor direto da promessa e tinha boas razões para crer que Deus ainda tinha a intenção de cumpri-la.

Mas o povo não percebeu que Moisés estava confiante — e a pressão aumentou. Quando os exércitos do Faraó os perseguiram e os alcançaram, eles demonstraram completa desconfiança em Deus, apesar das evidências poderosas e das pragas sobrenaturais, que Ele usou para resgatá-los. E perguntaram se Moisés os havia trazido para o deserto, para que morressem ali (Êxodo 14:11). Eles duvidaram da sua longa busca por liberdade e concluíram que não era aquilo que haviam imaginado. Acreditaram que estavam melhor como escravos vivos do que como homens livres mortos (v.12).

Qual era o seu problema? Eles haviam perdido a perspectiva. Era uma combinação de temor do desconhecido e falta de visão do futuro que os faziam queixar-se. Eles olharam para trás, para o que era familiar e acharam que era melhor do que o futuro desconhecido.

Moisés respondeu à pressão, desafiando o povo a confiar em Deus assim como ele havia aprendido a fazê-lo. Deus, que iria guiá-los pelo caminho no deserto, abriu-lhes uma passagem pelo Mar Vermelho, enquanto dificultou o avanço dos exércitos de Faraó. Antes, eles eram pressionados por dois problemas invencíveis. Agora, só restava o cuidado protetor de Deus. E Deus não somente abriu um caminho pelo Mar Vermelho, Ele cobriu os egípcios com água, removendo completamente o perigo.

A lição sobre a confiança espiritual que Moisés aprendera com a sarça ardente e na corte de Faraó, criaram profundas raízes em seu coração. E num grave momento de crise, essa confiança o ajudou a traspassar o perigo daquele momento.

## Lição n.º 5: Compaixão

A ira de Moisés com o povo que adorou o bezerro de ouro parece ter sido a mesma que o levou a matar o feitor egípcio, anos antes. Mas, depois de uma nova avaliação, vemos algo impressionante em sua ira nesta ocasião. Sua ira foi selada com compaixão! Como sabemos disto? Observe o que aconteceu quando Moisés deixou o povo e retornou à montanha, à presença de Jeová:

*No dia seguinte, disse Moisés ao povo: Vós cometestes grande pecado; agora, porém, subirei ao Senhor e; porventura, farei propiciação pelo vosso pecado. Tornou Moisés ao Senhor e disse: Ora, o povo cometeu grande pecado, fazendo para si deuses de ouro. Agora, pois, perdoa-lhe o seu pecado; ou, se não, risca-me, peço-te, do teu livro que escreveste (Êxodo 32:30-32).*

Nesta situação, a ira de Moisés era muito diferente daquela que transpareceu anteriormente, no Egito. Efésios 4:26 nos desafia: "Irai-vos e não pequeis." Existe um tempo para a ira — quando Deus é desonrado. Aqui não se trata de uma ira pessoal. É a ira que surge para honrar Deus. É o mesmo tipo de ira que levou Jesus a fazer um chicote e expulsar os que estavam desonrando o templo, em Jerusalém (João 2:13-17).

A pureza desta ira é vista no que Moisés fez a seguir: ele intercedeu por estas pessoas, a ponto de oferecer-se a Deus como substituto pela nação pecadora! Esta oferta dramática mostra quão diferente foi a sua ira e o progresso que ele havia feito. Já não era mais o homem arrogante do Egito ou o homem quebrantado do deserto, agora ele era um homem de Deus. Moisés agora era o homem que precisava ser — sendo consumido pela bondade de Deus e preocupado com o povo de Deus.

Este é o equilíbrio que surge na vida daquele que aprendeu a adorar na presença de Deus, segundo os padrões da Sua Palavra. Moisés intercedeu por aqueles que pecaram de forma tão dramática. Ele aprendera o significado da verdadeira compaixão e colocou esta compaixão no altar do sacrifício, em favor do povo — mesmo que tivessem pecado horrivelmente contra a santidade de Deus.

## Lição n.º 6: Responsabilidade

Em Números 20, vimos que Moisés irou-se com o povo porque eles se queixaram pela da falta de água. Em sua ira, ele bateu na rocha quando Deus o havia instruído, claramente, a apenas falar à rocha.

Parece algo tão pequeno, não é verdade? Que diferença há entre bater numa rocha e falar à mesma? Era somente uma rocha. Mas aos olhos de Deus, a diferença era enorme! Da parte de Moisés, tratou-se de uma demonstração de poder, uma declaração de que de alguma forma ele tinha o poder de prover água para o povo. Em sua ira, Moisés deu a si mesmo a glória que era devida a Deus — o verdadeiro provedor de todas as necessidades do Seu povo.

E então vieram as consequências — as consequências na vida de Moisés por ter matado o feitor egípcio; as consequências para Faraó, por não ter considerado as advertências quanto às pragas que Deus permitiu cair naquela nação; e consequências pela idolatria ao pé do Monte Sinai.

Ao falhar em dar a glória a Deus, Moisés desfez num só instante, anos de serviço e Deus não lhe permitiu entrar na terra da promessa que já estava diante dos seus olhos. Após esperar por décadas, guiando o seu povo até a Terra Prometida, este privilégio passaria de Moisés para outra pessoa. Que final triste!

No filme *Um Homem Fora de Série,* Roy Hobbs é um jovem com habilidade ilimitada no beisebol, preparando-se para jogar em equipes nacionais. Então, numa fração de tempo, uma escolha insensata fez com que perdesse tudo. Anos mais tarde, da cama de um hospital, ele explica à sua amiga de infância como desperdiçou a sua vida, com estas profundas palavras: "Você nunca para de pagar por alguns erros que comete na vida." Esta é a natureza das escolhas que fazemos — e suas consequências. Nossas vidas se erguem, caem e mudam segundo as nossas escolhas, e muitas vezes nunca mais serão as mesmas por causa delas. As escolhas podem ser bem planejadas ou espontâneas, mas parece que os resultados sempre duram mais tempo do que as escolhas em si. As escolhas de Moisés foram muitas vezes feitas, motivadas pela ira, e por fim suas escolhas lhe roubaram seu sonho de 80 anos.

## A FÉ É A VITÓRIA

Conta-se a história do diretor de uma escola, que perdeu uma promoção. Qual foi o seu argumento? "Eu tenho 25 anos de experiência!" Mas o superintendente respondeu: "Não, José. Você teve um ano de experiência 25 vezes." Para Moisés, assim como Pedro quando caminhou por sobre as águas do Mar da Galileia, havia segurança enquanto seus olhos estavam fixos no seu Senhor. No momento em que se distraíram com os problemas ou pessoas ao seu redor, eles correram perigo por confiar em si mesmos — e caíram na armadilha da ira frustrante.

"Porque todo o que é nascido de Deus vence o mundo; e esta é a vitória que vence o mundo, a nossa fé. Quem é o que vence o mundo, senão aquele que crê ser Jesus o Filho de Deus?" (1 João 5:4,5). Não podemos fazê-lo sozinhos. Necessitamos desesperadamente do Senhor. Se você não conhece este Senhor, existe somente um lugar onde devemos começar. A Bíblia nos diz para reconhecermos as nossas falhas, fragilidade e pecado, e confiar em Jesus Cristo e em Seu sacrifício na cruz, para obtermos perdão. A vida de fé começa com a fé que crê em Deus para a salvação. Confie nele hoje.

Se você é um cristão, não perca de vista sua dependência em Deus. Siga o exemplo de Cristo, que se humilhou a Si mesmo em obediência ao plano e propósito do Pai (Filipenses 2:8). Devemos ter a mente de Cristo (Filipenses 2:5), agindo em humildade — e não em autoafirmação e ira. Quando Moisés foi humilde, ele foi útil para Deus. Quando a ira o dominou, ele desonrou Deus. Que possamos aprender com os exemplos de Moisés, exemplos bons e maus, a humilharmo-nos sob a poderosa mão de Deus (1 Pedro 5:5-6).

# 4

# MANASSÉS

## TERMINANDO BEM

## SUPERANDO UM MAU COMEÇO

Era um dia de Ano Novo, em 1929. Duas equipes universitárias estavam jogando, quando um dos defensores recuperou a bola após a falha de um jogador da equipe adversária, correu pela lateral do campo, virou-se, e lançou-se rapidamente por 100 metros na direção errada — direto para a linha de gol do seu próprio time. Um de seus companheiros o derrubou momentos antes dele marcar um gol contra. Na jogada seguinte, a equipe que quase recebeu o gol de presente bloqueou o chute e marcou gol.

Daquele dia em diante, Riegels carregou o desonroso nome de "Riegels contra mão". Daquele dia em diante, aquele jogador que quase marcara o gol contra ficou conhecido por aquele quase gol. Durante anos, cada vez que ele era apresentado, as pessoas exclamavam: "Ah, sim. Sei quem você é! Você é o camarada que correu na direção errada no estádio."

Pode ser que nossas falhas não chamem tanta atenção como a daquele jogador, mas temos nossos próprios desvios e nossas próprias corridas na contramão. Temos também as memórias que as acompanham — lembranças que voltam para nos escarnecer e assombrar às três horas da manhã. Há tanto em nosso passado que gostaríamos de poder desfazer ou refazer — tanto que gostaríamos de esquecer. Se ao menos pudéssemos recomeçar.

Louisa Fletcher Tarkington escreveu para todos nós, em seu devaneio:

*Gostaria que houvesse*
*algum lugar maravilhoso*
*chamado Terra de um novo início,*
*onde nossos erros,*

> *e todos os nossos sofrimentos,*
> *e todas as nossas pobres e*
> *mesquinhas aflições*
> *pudessem ser deixadas como um*
> *velho e gasto casaco, à porta,*
> *para nunca vesti-lo outra vez.*

Este lugar existe e pode ser encontrado na graça de Deus — uma graça que não somente perdoa nosso passado completamente e o lança fora, mas usa-o para nos fazer melhores do que jamais fomos anteriormente. "Até do pecado", disse Agostinho, "Deus pode tirar o bem."

## A PIEDOSA HERANÇA

Manassés era o filho de Ezequias, um dos poucos reis de Judá que fez "o que era reto perante o SENHOR" (2 Reis 18:3). O historiador de Israel nos conta:

> *[Ezequias] removeu os altos, quebrou as colunas e*
> *deitou abaixo o poste-ídolo; e fez em pedaços a serpente*
> *de bronze que Moisés fizera, porque até àquele dia os*
> *filhos de Israel lhe queimavam incenso, e lhe chamaram*
> *Neustã. Confiou no SENHOR, Deus de Israel, de maneira*
> *que depois dele não houve seu semelhante entre todos os*
> *reis de Judá, nem entre os que foram antes dele. Porque*
> *se apegou ao SENHOR, não deixou de segui-lo e guardou*
> *os mandamentos que o SENHOR ordenara a Moisés*
> *(2 Reis 18:4-6).*

Ezequias foi responsável por um avivamento espiritual histórico que rejuvenesceu Judá. Ele se livrou dos ídolos que seu pai, Acaz, havia adorado, e libertou seu povo da apostasia.

Em seu trabalho de reforma, foi grandemente auxiliado pelos ministérios proféticos de Isaías e Miqueias.

Manassés, o filho de Ezequias, subiu ao trono quando tinha 12 anos de idade, e reinou por dez anos como corregente de seu pai. Quando tinha 22 anos, seu pai morreu e o jovem rei assumiu as rédeas do governo. Ele reinou por 55 anos — de 697 a 643 a.C. — o mais longo reinado na história, tanto de Judá, como de Israel.

Manassés foi abençoado com um pai piedoso. Viveu em um tempo de vitalidade e prosperidade espiritual. Foi instruído por Isaías e Miqueias, e viu o Senhor, miraculosamente, livrar Jerusalém do cerco dos Assírios (2 Reis 19:35). No entanto, não seguiu nos passos de seu pai.

### O FRACASSO DA LIDERANÇA

As Escrituras nos dizem que Manassés fez "...o que era mau perante o SENHOR, segundo as abominações dos gentios que o SENHOR expulsara de suas possessões de diante dos filhos de Israel" (2 Reis 21:2).

As *nações* descritas pelo autor eram os depravados e desagradáveis cananitas. Manassés superou todos eles em seu frenesi insano de quebrar todas as regras — uma loucura descrita nos versos que se seguem:

*Pois tornou a edificar os altos que Ezequias, seu pai, havia destruído, e levantou altares a Baal, e fez um poste-ídolo como o que fizera Acabe, rei de Israel, e se prostrou diante de todo o exército dos céus, e o serviu. Edificou altares na Casa do SENHOR, da qual o SENHOR tinha dito: Em Jerusalém porei o meu nome. Também edificou altares a todo o exército dos céus nos dois átrios da casa do* SENHOR. *E queimou a seu filho como sacrifício, adivinhava pelas nuvens, era agoureiro e tratava com médiuns e feiticeiros; prosseguiu em fazer o que era mau perante o* SENHOR, *para o provocar à ira. Também pôs a imagem de escultura do poste-ídolo que tinha feito, na Casa de que o* SENHOR *[...]. Manassés de tal modo os fez [Israel] errar, que fizeram pior do que as nações, que o* SENHOR *tinha destruído de diante dos filhos de Israel (2 Reis 21:3-7,9).*

Os pecados de Manassés são mencionados aqui em uma ordem crescente de desvios comportamentais. Primeiro ele edificou "os altos que Ezequias, seu pai, havia destruído". Acaz, o avô de Manassés, havia edificado "os altos" — bosques no topo dos montes onde os Asera eram adorados. Ezequias os havia derrubado (2 Reis 18:4). Manassés os reedificou.

Manassés "levantou um altar a Baal", a principal divindade cananita, e fez um poste-ídolo Asera tal qual Acabe e Jezabel, a dupla diabólica de Israel, haviam feito (1 Reis 16:32-33). Os postes-ídolos Aseras eram imagens de uma divindade feminina, a consorte de Baal, que representava a divindade cananeia do sexo e da fertilidade. Os pilares erigidos em sua honra eram evidentemente uma espécie de símbolos fálicos.

Manassés adorou as hostes dos céus e as serviu. Ele praticou a astrologia, oferecendo devoção ao sol, à lua, aos planetas, e às estrelas (ver também Jeremias 8:2; 19:13). Construiu altares a deidades siderais no templo de Jerusalém, onde Deus havia dito: "porei o Meu Nome."

Fez seus filhos passarem pelo fogo — sacrifício de crianças. De acordo com o autor do livro de Crônicas, "queimou a seus filhos como oferta no vale do filho de Hinom". Também "adivinhava pelas nuvens, era agoureiro, praticava feitiçaria, tratava com necromantes e feiticeiros..." (2 Crônicas 33:6). O texto hebraico sugere que ele fez mais do que consultá-los, ele os *nomeou*. Em outras palavras, ele lhes concedeu audiências em sua corte e os admitiu em seu gabinete governamental.

Como se isso não fosse suficiente, este pervertido monarca, então, "pôs a imagem de escultura do ídolo que tinha feito na Casa de Deus" (2 Crônicas 33:7). Ele pegou o poste-ídolo mencionado anteriormente, dedicado a tudo que era feio e obsceno, e o colocou no Santo dos Santos, no templo do Senhor.

Em lugar algum é feita a menor menção ao culto de Jeová. Manassés selecionou seu panteão das culturas que cercavam Israel — dos amorreus, cananeus, filisteus, fenícios — mas não há nenhuma referência ao Deus que se havia revelado a Israel.

O historiador concluiu: "Manassés de tal modo fez [Israel] errar, que fizeram pior do que as nações que o Senhor tinha destruído de diante dos filhos de Israel" (2 Reis 21:9).

Compreenda o que está sendo dito aqui: Manassés era o único responsável por arrastar uma nação inteira para baixo. Que herança para se deixar!

E isso não é tudo. Há uma nota de rodapé de terríveis implicações:

*Além disso, Manassés derramou muitíssimo sangue*
*inocente, até encher Jerusalém de um ao outro extremo,*
*afora o seu pecado, com que fez pecar a Judá, praticando*
*o que era mau perante o* Senhor *(2 Reis 21:16).*

Manassés silenciou os profetas com uma fúria aterrorizante. Josefo, o historiador judeu, registra que Manassés "matou todos os homens justos que havia entre os hebreus, e tampouco poupou os profetas, pois cada dia matava alguns deles, até que Jerusalém estava transbordando de sangue".

Existe uma tradição judaica relatada no Talmude que conta como Manassés colocou seu velho professor, Isaías, em um tronco e o serrou em dois. Este é possivelmente o pano de fundo da afirmação no livro de Hebreus de que heróis de Deus foram "serrados pelo meio" (Hebreus 11:37).

## O RESTO DA HISTÓRIA

*Quanto aos mais atos de Manassés, e a tudo quanto fez, e ao seu pecado, que cometeu, porventura, não estão escritos no livro da História dos Reis de Judá? Manassés descansou com seus pais e foi sepultado no jardim da sua própria casa, no jardim de Uzá; e Amon, seu filho, reinou em seu lugar (2 Reis 21:17-18).*

Eis aqui uma coisa estranha: Manassés levantou seu nariz para Deus por 55 anos, entregou-se a todas as paixões carnais, corrompeu e arruinou uma nação inteira, e Deus não tomou providência alguma.

Ou tomou?

Normalmente, vemos somente um aspecto de Deus — Sua paciência longânime: "[Ele] se detém, para se compadecer de vós" (Isaías 30:18). Existe, porém, outro lado: Sua *estranha obra* de julgamento.

A história relatada nos livros de Reis não está completa. O propósito de 1 e 2 Reis é traçar o declínio de Israel e Judá ao exílio babilônico e mostrar os motivos para esse exílio. As histórias são necessariamente resumidas. O escritor se detém apenas naqueles fatos que contribuem para o seu tema. O relato do reinado de Manassés é retomado e suplementado em

2 Crônicas 33. O propósito do escritor das Crônicas era diferente. Seu tema era a restauração do trono Davídico. Para este fim ele selecionou eventos que contribuíam para esse motivo e incluiu alguns fatos omitidos no livro de Reis.

Os primeiros nove versos de 2 Crônicas 33 são basicamente uma cópia de 2 Reis 21:1-9, com algumas pequenas mudanças, e então uma nova história emerge:

*Falou o S*ENHOR *a Manassés e ao seu povo, porém não lhe deram ouvidos (2 Crônicas 33:10).*

O julgamento de Deus não sobrevém abruptamente. Ele nunca ocorre dessa maneira. O teólogo John Piper diz, "A ira [de Deus] precisa ser liberada por um forte cadeado de segurança, mas Sua misericórdia responde ao menor estímulo." Deus nos ama demais para desistir de nós. Ele nos persegue — até mesmo ao lugar de nosso pecado e culpa — e pede com insistência que voltemos.

Um velho provérbio turco diz que Deus tem "pés de lã e mãos de aço". Podemos não perceber que Ele se aproxima, mas quando Ele põe Suas mãos em nós, não podemos nos desvencilhar delas. O outro lado da promessa "não te deixarei, nem te desampararei" (Josué 1:5) é a garantia de que Ele nunca nos deixará sós. Ele vai nos perseguir, aborrecer, incomodar, importunar, e provocar até cedermos.

Deus tem muitas maneiras de nos livrar do pecado: às vezes somos tocados em nossas almas por um desenho; às vezes por uma palavra que um amigo diz; às vezes um episódio que ouvimos; ou às vezes por um livro, um sermão, um encontro ao acaso. E assim Deus nos pede que voltemos a Ele.

Lembro-me de um estudante que encontrei na Universidade de Stanford, EUA, há alguns anos. Ele estava sentado num banco em frente a uma igreja, lendo um jornal. Sentei-me ao seu lado, e começamos a conversar. A conversa foi bem até chegarmos ao assunto de seu relacionamento com Deus.

Ele se colocou de pé, proferindo uma praga, e se afastou arrogantemente. Então, parou, e se virou. "Perdoe-me", disse ele. "Fui criado em um lar cristão. Meus pais são missionários presbiterianos em Taiwan, mas tenho fugido de Deus a minha vida inteira. No entanto, aonde quer que eu vá, alguém quer falar comigo sobre Deus."

Mais do que qualquer outra coisa, Deus quer que nos entreguemos ao Seu amor. "O amor nos cerca", disse George MacDonald, "procurando qualquer brechinha por onde possa penetrar". Deus espera incansável e Seu amor é inabalável. Se não o quisermos, porém, Ele nos deixará seguir pelos nossos caminhos e permitirá que colhamos as consequências de nossa resistência. Mesmo isso, é para o nosso próprio bem. É o julgamento libertador de Deus. Ele sabe que quando os ventos frios soprarem, eles podem nos fazer mudar de ideia.

*Pelo que o Senhor trouxe sobre eles os príncipes do exército do rei da Assíria, os quais prenderam Manassés com ganchos, amarraram-no com cadeias e o levaram à Babilônia. Ele, angustiado, suplicou deveras ao Senhor, seu Deus, e muito se humilhou perante o Deus de seus pais; fez-lhe oração, e Deus se tornou favorável para com ele, atendendo-lhe a súplica e o fez voltar para Jerusalém, ao seu reino; então, reconheceu Manassés que o Senhor era Deus (2 Crônicas 33:11-12).*

O rei assírio mencionado aqui era provavelmente Esaradon, o filho de Senaqueribe. Esaradon colocou um anel no nariz de Manassés, algemas em suas mãos e pés, e o levou marchando para a Babilônia, onde Manassés definhou em uma masmorra por 12 anos. Uma argola no nariz era a maneira assíria de humilhar os reis conquistados, um costume ilustrado claramente nos artefatos assírios. Que completa humilhação! Que terrível ruína! Tudo, porém, para ganhar Manassés de volta para Deus.

### O CAMINHO DE VOLTA

A recuperação começa com a vergonha. MacDonald escreveu:

> Estar envergonhado é algo santo e abençoado. Vergonha é vergonha somente para aqueles que desejam *parecer*, não para aqueles que desejam *ser*. Vergonha é vergonha somente para aqueles que desejam passar no exame, não para aqueles que querem aprender o princípio das coisas... Estar humildemente envergonhado é ser mergulhado no banho purificador da verdade.

Humildade e contrição são as chaves do coração de Deus. Foram essas as chaves que Manassés usou.

*Ele, angustiado, suplicou deveras ao* SENHOR, *seu*
*Deus, e muito se humilhou perante o Deus de seus pais*
*(2 Crônicas 33:12).*

Josefo disse que Manassés "considerou a si mesmo a causa de tudo". Ele aceitou a plena responsabilidade por tudo que havia feito — nenhuma negação, nenhuma desculpa, nenhuma justificação, nenhuma transferência de culpa, nenhuma apelação especial. Manassés, então "muito se humilhou".

Nossa tendência em desculpar-nos vem de pensar que Deus nunca nos receberá de volta, a menos que possamos minimizar ou dar explicações pelo nosso malfeito. Porém, como C. S. Lewis observou, "Verdadeiro perdão significa olhar firmemente para o pecado, esse pecado que restou sem desculpa alguma, depois de todas as concessões terem sido feitas, e vê-lo em todo o seu horror, sujeira, maldade e malícia, e, contudo ser completamente reconciliado com aquele que o cometeu. Isso, e somente isso, é perdão; e sempre podemos obter de [Deus]."

Manassés não foi desamparado. Apesar de sua monstruosa iniquidade, o Senhor ainda era o Deus de Manassés. Embora a ira varresse a face do Senhor, Ele nunca desviou Seus olhos de Manassés.

## Amor infinito

Na obra de Harriet Beecher Stowe *A Cabana do Pai Tomás*, Tomás lamenta, "Eu sou mau, eu sou muito mau. De todo jeito, não consigo mudar isso!" O pecado é a nossa natureza. É o modo como atravessamos a vida — e não conseguimos mudar isso. No entanto, nossos repetidos fracassos não mudam a atitude básica de Deus a nosso respeito. Se a nossa natureza é pecar, Sua natureza é salvar. Sem essa compreensão, não poderíamos sobreviver ao nosso pecado. Ele iria apenas nos aterrorizar e nos levar para longe de Deus.

Se Deus houvesse nos escolhido no princípio por sermos tão maravilhosos, teríamos base para esse terror, mas desde que nossa aceitação original não dependeu de nada que houvesse em nós, não pode ser desfeita por nada que agora existe em nós. Nada em nós mereceu Seu favor antes de nossa conversão; nada em nós merece a sua continuidade.

Deus nos salvou porque determinou fazê-lo. Ele nos criou para Si mesmo, e sem essa comunhão Seu coração sofre em solidão. Esse foi o motivo de Cristo sofrer por nós — "...o justo pelos injustos, para conduzir-vos a Deus..." (1 Pedro 3:18). Ele nunca desistirá. Ama-nos demais para desistir. "...aquele que começou boa obra em vós há de completá-la..." (Filipenses 1:6).

Devemos aceitar o perdão pleno e gratuito de Deus, e depois perdoar a nós mesmos. Que somos pecadores — é uma verdade inegável. Que somos pecadores *perdoados* — é inegável também. Não devemos insistir em nossa pecaminosidade. O coração de Deus está aberto para nós. Devemos receber o perdão de que precisamos e seguir com a vida.

### Terminando bem

Ainda há mais. Deus não somente perdoa nosso pecado, mas usa-o para nos tornar melhores do que jamais fomos anteriormente. Pense em Manassés. Depois de 12 anos, foi liberto da prisão e restaurado ao seu trono. Então, pôs-se a fortalecer suas defesas:

> *[Manassés] fez-lhe oração, e Deus se tornou favorável para com ele, atendeu-lhe a súplica e o fez voltar para Jerusalém, ao seu reino; então, reconheceu Manassés que o* Senhor *era Deus. Depois disto, edificou o muro de fora da Cidade de Davi, ao ocidente de Giom, no vale, e à entrada da Porta do Peixe, abrangendo Ofel, e o levantou mui alto; também pôs chefes militares em todas as cidades fortificadas de Judá. Tirou da Casa do* Senhor *os deuses estranhos e o ídolo, como também todos os altares que edificara no monte da Casa do* Senhor *e em Jerusalém, e os lançou fora da cidade. Restaurou o altar do* Senhor, *sacrificou sobre ele ofertas pacíficas e de ações de graças e ordenou a Judá que servisse ao* Senhor, *Deus de Israel* (2 Crônicas 33:13-16).

Manassés destruiu seus deuses pagãos e removeu o terrível ídolo que havia colocado na casa do Senhor. Abominou seus ídolos com tanto fervor quanto os tinha amado antes.

Reconstruiu o altar do Senhor, que havia derrubado. Sacrificou nele ofertas pacíficas e ofertas de ações de graça, para louvar a Deus por sua libertação. Usou seu poder, agora, com o objetivo de restaurar seu povo, ao invés de corrompê-lo.

Foi isto que João Batista descreveu como "frutos dignos de arrependimento" (Mateus 3:8). O verdadeiro arrependimento implica em uma mudança fundamental em nossa visão e atitude. Não é mera tristeza pelo pecado. É uma inversão radical de nossa maneira de pensar. Sua manifestação será percebida por nosso firme esforço em nos fortalecer nas áreas onde anteriormente havíamos sido fracos, e onde tínhamos caído. Haverá em nós uma feroz determinação de nos proteger do pecado.

O verdadeiro arrependimento significará mantermo-nos afastados da companhia do homem ou da mulher cuja influência nos corrompe. Significará ficar fora de situações em que somos propensos a tropeçar e cair. Significará permanecermos afastados de influências poluidoras em filmes, livros, revistas e espaço virtual. Significará encontrar uma pessoa para nos chamar à responsabilidade quando viajamos, alguém para manter-nos honestos quando estamos longe de casa. Seja o que for, nossa desobediência terá feito de nós pessoas mais fortes e melhores do que fomos anteriormente. Até do nosso pecado, Deus pode extrair o bem.

Deus deu a Manassés mais 20 anos de reinado. Ele ganhou um começo novo e melhor, e o aproveitou de forma maravilhosa. Tornou-se um dos maiores reis de Judá, e por 22 anos foi um glorioso exemplo da inimaginável graça de Deus para Israel. Deus fará o mesmo por você.

### QUAL O VALOR DE UM NOME?

O nome Manassés é tirado de um verbo hebraico que significa "esquecer". É a palavra que Deus escreve por cima do passado de Manassés e do nosso — *esquecido*. "...perdoarei as suas iniquidades e dos seus pecados jamais me lembrarei" (Jeremias 31:34). Oswald Chambers disse, "Deus se esquece dos nossos pecados."

Quando consideramos o pecado de proporções imperdoáveis, Jeffrey Dahmer nos vem à mente. Dahmer confessou ter assassinado 17 jovens, desmembrando alguns, fazendo sexo com seus cadáveres, e comendo parte de seus corpos.

A exposição dos meios de comunicação em torno de seus crimes transformou Dahmer em um símbolo nacional do mal. Após sua morte sangrenta no Centro de Correção de Columbia, no estado de Wisconsin, EUA, todos tinham a convicção de que ele iria direto para o inferno. Um colunista pronunciou um fervoroso apelo aos poderes das trevas: "Leve o Jeffrey Dahmer, por favor."

Porém, Dahmer havia começado a frequentar estudos bíblicos na prisão, e na sequência, fez uma pública profissão de fé em Jesus Cristo, e foi batizado. Ele encontrou perdão e paz. Sentia-se calmo com respeito à sua sorte, mesmo depois que um interno tentou cortar sua garganta durante um culto na capela. Se ele foi sincero, e parece que sim, nós o veremos no céu um dia.

Estranho, não é? Mas assim é a graça de Deus.

## P.S.

Durante o intervalo daquele jogo em 1929 [mencionado no início], Riegels se escondeu em um canto do vestiário, com sua toalha sobre a cabeça. Seu treinador, Nibbs Price, não falou com ele, e muito pouco com a equipe.

Três minutos antes da segunda metade do jogo começar, ele disse tranquilamente, "A equipe que entrou jogando na primeira metade do jogo, vai entrar jogando na segunda metade." Riegels exclamou: "Eu não posso, treinador; não posso voltar ao jogo, humilhei a equipe, a escola e a mim mesmo. Não posso voltar ao jogo." "Volte ao jogo, Riegels", Price replicou. "Está só na metade."

Que treinador! Que Deus!

# 5

# DAVI

## SUPERANDO O FRACASSO MORAL

# SUPERANDO MENTIRAS DE AUTOPROTEÇÃO

QUANDO O ASSUNTO É FALHAR e vencer, o incidente na vida de Davi nos vem à mente. Aconteceu durante um período em que ele e Saul estavam jogando um mortífero jogo de esconde-esconde. Saul, perseguindo Davi e seu bando de homens no deserto da Judeia, estava decidido a acabar com ele.

Saul estava familiarizado com todos os lugares por onde Davi costumava andar e se esconder. Davi podia fugir, mas sabia que não podia se esconder. Estava cansado e desgastado. Seus problemas pareciam não ter fim.

Os cânticos considerados desse período da vida de Davi são cânticos tristes. Prevalece um sombrio sentimento de depressão e desespero.

*Por que, SENHOR, te conservas longe? E te escondes nas horas de tribulação? (Salmo 10:1).*

*Até quando, SENHOR? Esquecer-te-ás de mim para sempre? Até quando ocultarás de mim o rosto? (Salmo 13:1).*

*Deus meu, Deus meu, por que me desamparaste? Por que se acham longe de minha salvação as palavras de meu bramido? (Salmo 22:1).*

## A PERIGOSA DECISÃO

Davi havia alcançado o seu limite. Ele simplesmente não podia aguentar mais. Ele, então, pensou consigo mesmo:

*...Pode ser que algum dia venha eu a perecer nas mãos de Saul; nada há, pois, melhor para mim do que*

*fugir para a terra dos filisteus; para que Saul perca de todo as esperanças e deixe de perseguir-me por todos os termos de Israel; assim, me livrarei da sua mão (1 Samuel 27:1).*

No passado, Davi falava com Gade ou com um de seus conselheiros. Melhor ainda, "consultou Davi ao SENHOR" (1 Samuel 23:2,4). Naquela ocasião, porém, Davi não consultou o Senhor, nem qualquer outra pessoa. Olhou para as circunstâncias, aconselhou-se com seus temores, e fugiu para a Filístia. Nas circunstâncias em que se encontrava, acreditou que essa era a melhor coisa a fazer.

A frase traduzida por "nada há, pois, melhor para mim do que fugir" está expressa de um modo que sugere grande pressa: "Devo escapar imediatamente. Vou fazê-lo *agora!*"

Decisões tomadas quando estamos deprimidos ou emocionalmente perturbados são extremamente perigosas. Somos mais vulneráveis a fazer más escolhas, quando estamos nesse estado mental — escolhas que nunca faríamos se estivéssemos bem. Quando estamos desanimados, acabamos inevitavelmente tomando más decisões.

Eu me pergunto quantas pessoas solteiras, em um momento de enfado, decidiram que não conseguem lidar com o pensamento de constante solidão, e então se contentam com um parceiro que torna suas vidas ainda mais miseráveis? Eu me pergunto quantos homens deixaram bons trabalhos durante um ataque de momentânea frustração, e agora se encontram desesperadamente desempregados ou trabalhando em situações muito menos desejáveis? Fico imaginando quantos desistiram de seus casamentos quando estavam em uma maré baixa, e agora lamentam diariamente essa decisão? Eu me pergunto quantos homens deixaram ministérios frutíferos por estarem cansados e desanimados?

Inácio de Loiola, um cristão basco (espanhol) do século 16, escreveu um livro chamado *Os Exercícios Espirituais*. Ele chamou atenção para a existência de duas condições na vida cristã. Uma é a consolação, "Quando a alma é estimulada a um amor por seu criador e Senhor; quando fé, esperança, caridade, e gozo interior inspiram a alma à paz e quietude em nosso Senhor." A outra é a desolação, "quando existe escuridão de alma, agitação de mente, uma forte inclinação para coisas terrenas, desassossego resultante de perturbações, e tentações que levam ao esfriamento de fé. Encontramo-nos apáticos, mornos, tristes, e separados, como se isso viesse, do nosso Senhor."

"Na hora da desolação", escreveu, "nunca deveríamos mudar, mas permanecer firmes e constantes na resolução e decisão que nos guiou no dia anterior à desolação ou na decisão a que aderimos na consolação anterior, porque assim como o bom espírito nos guia e conforta na consolação, o mau espírito nos guia e aconselha na desolação. Seguindo os conselhos deste último espírito, nunca se conseguirá encontrar o caminho correto para uma decisão acertada."

Ele continuou: "Embora na desolação não devamos modificar nossas resoluções anteriores, será vantajoso intensificar nossa atividade contra a desolação. Isso pode ser feito insistindo mais na oração, meditação, exame, e confissão."

Então devemos esperar e orar. Davi, com o tempo, aprendeu a esperar em Deus (Salmos 5:3; 27:14; 33:20; 37:7,34; 38:15). Nesta ocasião, ele deveria ter esperado, mas já havia decidido. Dadas as suas circunstâncias, a Filístia lhe pareceu melhor do que a sombra das asas invisíveis de Deus.

*Dispôs-se Davi e, com os seiscentos homens que com ele estavam, passou a Aquis, filho de Maoque, rei de Gate. Habitou Davi com Aquis em Gate, ele e os seus homens, cada um com a sua família; Davi, com ambas as suas mulheres, Ainoã, a jezreelita, e Abigail, a viúva de Nabal, o carmelita. Avisado Saul de que Davi tinha fugido para Gate, desistiu de o perseguir (1 Samuel 27:2-4).*

## A INQUIETAÇÃO

Davi estava seguro em Gate, embora estivesse cada vez mais desassossegado. Seus movimentos eram restritos. Tinha que deixar de lado sua autonomia e independência. Ele sentiu a necessidade de afastar-se da cidade real, então pediu a Aquis outro lugar para morar. Foi um pedido modesto:

*Disse Davi a Aquis: Se achei mercê na tua presença, dá-me lugar numa das cidades da terra, para que ali habite; por que há de habitar o teu servo contigo na cidade real? Então lhe deu Aquis, naquele dia, a cidade de Ziclague. Pelo que Ziclague pertence aos reis de Judá, até ao dia de hoje. E todo o tempo que Davi permaneceu na terra dos filisteus foi um ano e quatro meses (1 Samuel 27:5-7).*

Enfim, Davi e seu bando podiam se estabelecer. Tinham vivido assustados e prontos para fugir. Agora tinham um lugarzinho de paz. Suas crianças podiam brincar em segurança. Seus velhos podiam sentar-se ao sol e conversar. Os homens podiam cultivar os campos e obter seu sustento sem precisar invadir e saquear.

Davi e seu povo viveram por um tempo sem ser molestados, em Ziclague, e exteriormente tudo parecia estar indo bem. Esse, porém, foi um tempo de aridez na caminhada de Davi com Deus. Ele não escreveu poemas, nem cantou canções em Ziclague. O doce cantor de Israel estava mudo. Davi foi-se afastando para longe do Senhor.

Entretanto, o afastamento de Davi não resultou apenas em fracasso pessoal — Davi também colocou seus amigos em perigo espiritual. A Filístia ficava fora da herança do Senhor, o lugar onde o Altíssimo habitava. Estava repleta de ídolos (2 Samuel 5:21).

Enquanto Davi se afastava de Deus, ia ficando cada vez mais inquieto — um estado mental que sempre nos leva a sérias dificuldades.

## OS ASSALTOS ATERRORIZANTES

*Subia Davi com os seus homens, e davam contra os gesuritas, os gersitas e os amalequitas; porque eram estes os moradores da terra desde Telã na direção de Sur, até à terra do Egito. Davi feria aquela terra, e não deixava com vida nem homem nem mulher, e tomava as ovelhas, e os bois, e os jumentos, e os camelos, e as vestes; voltava e vinha a Aquis. E perguntando Aquis: Contra quem deste hoje? Davi respondia: Contra o Sul de Judá; e o Sul dos jerameelitas, e o Sul dos queneus. Davi não deixava com vida nem homem nem mulher, para os trazer a Gate, pois dizia: Para que não nos denunciem, dizendo: Assim Davi o fazia. Este era o seu proceder por todos os dias que habitou na terra dos filisteus. Aquis confiava em Davi, dizendo: Fez-se ele, por certo, aborrecível para com o seu povo em Israel; pelo que me será por servo para sempre (1 Samuel 27:8-12).*

Davi pilhava e saqueava aldeia após aldeia e distribuía os despojos aos seus compatriotas em Judá (1 Samuel 30:26). Há, porém, uma nota dissonante na narrativa. Davi adotou o procedimento de extermínio — matando homens, mulheres e crianças, para que não o denunciassem. Os verbos: *feria, deixava* e *tomava* são o que os gramáticos chamam de verbos *frequentativos*, que descrevem uma ação habitual. Extermínio era sua *regra*, como o texto hebraico descreve, "por todos os dias que habitou na terra dos filisteus". Davi percorreu esse caminho temerário por um ano e quatro meses.

## A DECEPÇÃO

Como súdito do rei, Davi tinha o dever de informar sobre suas batalhas e dividir com ele parte dos despojos de suas vitórias. Aquis lhe perguntava: "Onde você atacou hoje?" Davi mentia: "Estive atacando os israelitas e seus aliados — os jerameelitas e os queneus."

Davi embarcou numa trajetória que exigia constante engano. Ele tinha que ficar mentindo para Aquis, um logro completamente indigno de seu caráter. Aquis aceitou os relatos de Davi como evidência de seu ódio por Israel, pensando que Davi se havia indisposto com seus compatriotas e que estivesse agora inteiramente em seu serviço. "Fez-se ele, por certo, aborrecível para com o seu povo em Israel; pelo que me será por servo para sempre" (1 Samuel 27:12).

Essa é uma frase interessante: "pelo que me será por servo para sempre". Davi, um ser espiritualmente liberto de Deus, se vendera para servir a um deus pagão. "De erro em erro o espírito exasperado prossegue," T. S. Elliot disse, "a menos que seja restaurado por aquele fogo purificador".

## A CONSCIENTIZAÇÃO

Os filisteus ajuntaram suas forças em Afeque para guerrear contra Israel. Souberam da desintegração do reino de Saul e haviam percebido, com grande satisfação, o crescente número de homens valorosos que estavam abandonando Saul e se identificando com Davi, e, presumiam, com o exército filisteu também.

Os filisteus decidiram desferir um golpe final. Eles, então, ajuntaram todas as suas forças — com Davi e seus mercenários — na intenção de atacar Israel do outro lado da planície de Esdraelon. Davi foi obrigado a seguir seu rei à batalha, embora o tenha feito com o coração abatido. Sabia que precisava ir à batalha contra seus próprios compatriotas, contra Saul seu rei, e contra Jônatas seu amado amigo.

Pode ser que a esta altura o coração de Davi tenha começado a se voltar para Deus, pedindo-lhe que o livrasse da confusão que havia armado para si mesmo. Se isto aconteceu, o Senhor o ouviu.

F. B. Meyer escreveu: "Se com seus erros e pecados você se colocou em uma posição falsa como esta, não se desespere; confie em Deus. Confesse e abandone o seu pecado, e humilhe-se diante dele, e Ele se levantará para livrá-lo. Você pode ter se destruído, mas nele estará o seu socorro."

Uma porta de esperança se abriu. Na véspera do encontro, Deus interveio. Os próprios filisteus insistiram que Davi e seus homens não tomassem parte na batalha, e eles então voltaram aliviados para suas casas em Ziclague.

> ...chegando Davi e os seus homens, ao terceiro dia, a Ziclague, já os amalequitas tinham dado com ímpeto contra o Sul e Ziclague e a esta, ferido e queimado; tinham levado cativas as mulheres que lá se achavam,

*porém a ninguém mataram, nem pequenos nem grandes; tão somente os levaram consigo e foram seu caminho. Davi e os seus homens vieram à cidade, e ei-la queimada, e suas mulheres, seus filhos e suas filhas eram levados cativos. Então, Davi e o povo que se achava com ele ergueram a voz e choraram, até não terem mais forças para chorar (1 Samuel 30:1-4).*

Davi e seus homens tinham viajado por três dias e estavam exaustos, ansiosamente antecipando ver suas mulheres e filhos. Ao se aproximar de Ziclague, viram uma coluna de fumaça no horizonte e correram os últimos poucos quilômetros que faltavam até Ziclague, para encontrar a cidade incendiada, e suas mulheres e filhinhos raptados. Ao invés de um alegre reencontro, havia um lúgubre silêncio e desolação. Restaram apenas alguns poucos homens e mulheres idosos para contar a história. Davi e seus homens choraram até não terem mais lágrimas.

As tropas de Davi viraram-se e o encararam num silêncio furioso. Comentaram sobre linchamento. Davi era pessoalmente responsável por suas perdas, e Davi reconhecia isso. Deveria ter deixado alguns homens para guardar a cidade. Como soldado, ele deveria saber disso. Havia decepcionado seus homens. Imagine a sua terrível sensação de isolamento!

Havia ainda sua própria perda pessoal. Não restava esperança alguma, nenhuma perspectiva humana de reparar a situação. Jamais conseguiria alcançar os amalequitas. Estavam montados em camelos e haviam partido há muito. Quando temos esperança, conseguimos resistir. Quando somos roubados dessa esperança, a vida perde todo seu sentido.

Davi percebeu o reto julgamento de Deus. Sua consciência despertou e começou a falar. Davi estava vivendo uma vida dupla — traindo Aquis e atacando os aliados dos filisteus. Havia massacrado aldeias inteiras, e mentido. Agora sua aldeia e família tinham-se ido. Esse foi um dos momentos mais escuros na vida de Davi.

## O ARREPENDIMENTO

Davi chorou de sofrimento e desespero. Chorou até não poder mais chorar. Uma reação perfeitamente natural. O natural, entretanto, é fatal. "…com a tristeza do coração o espírito se abate" diz o provérbio (Provérbios 15:13).

> *Davi muito se angustiou, pois o povo falava de apedrejá-lo, porque todos estavam em amargura, cada um por causa de seus filhos e de suas filhas; porém Davi se reanimou no SENHOR, seu Deus (1 Samuel 30:6).*

"Davi muito se angustiou", mas ele "se reanimou no Senhor, seu Deus". O texto hebraico diz: "Ele se fortaleceu no Senhor." Este é um dos mais importantes refrões da Bíblia.

Novamente Davi referia-se a Deus como o seu Deus! Sem dúvida, os homens de Davi haviam-no ouvido dizer repetidas vezes: "O SENHOR é o *meu* pastor, a *minha* rocha, a *minha* salvação." Embora Davi houvesse comprometido seriamente o nome de Deus com seu fracasso na fé e suas medidas tortuosas e traiçoeiras, o Senhor ainda era o *seu* Deus, e na presente crise podia correr para o abrigo de Suas asas.

Deus nunca recusa Sua ajuda, mesmo que tenhamos atraído a desgraça sobre nós mesmos. Não importa o que tenhamos feito, precisamos correr para Ele e segurar Sua mão forte. O homem que pode correr para Deus com o peso do fracasso em sua mente e dizer para Ele: "Tu és o meu refúgio", é o homem que compreende o coração gracioso de Deus.

Davi "se fortaleceu no Senhor". Ele deve ter pensado nas promessas de perdão e restauração de Deus que por tantas vezes o alegraram em outros períodos escuros em sua vida. Deve ter se recordado dos poemas que escreveu em outros dias escuros como este, que refletiam a fidelidade de Deus. Deve ter se lembrado de que já havia estado em situações piores que esta, e que Deus o havia ajudado grandemente nessas ocasiões. Embora sua fé tivesse sido duramente testada, não havia sido desapontada. E assim, ele se encorajou.

Davi estava rodeado por todos os lados por frustração e medo, mas Deus estava perto, "...socorro bem presente nas tribulações" (Salmo 46:1). Davi apropriou-se da força de Deus e tornou-se um foco de paz. Lembre-se das palavras de Paulo: "...portai-vos varonilmente, fortalecei-vos" (1 Coríntios 16:13).

## A RECUPERAÇÃO

Davi, no final, recuperou tudo o que os amalequitas haviam roubado, inclusive sua família (1 Samuel 30:18-19). Nem todas as nossas faltas, entretanto, têm esse final. Não existem garantias nesta vida de que recuperaremos nossas famílias, o emprego, ou a reputação que perdemos por nossa insensatez.

Podemos chegar ao final de nossos dias bem distantes de atingir nossos alvos. Podemos ser conhecidos mais por nossas falhas do que por nossos sucessos. Podemos não ser poderosos ou prósperos. Se, porém, aceitarmos o desapontamento e deixarmos que este nos aproxime para perto de Deus, descobriremos com o tempo que nosso insucesso nos fez chegar a uma compreensão mais profunda de Seu amor e graça. Isso é sem dúvida, o melhor.

É preciso grande fé para crer que nossas derrotas sejam para um bem maior. Mas é verdade. Aprendemos muito mais com a desilusão do que com o sucesso. Acabamos conhecendo Deus e Seus caminhos. O homem que nunca errou, nunca pôde fazer essa descoberta.

## SUPERANDO O FRACASSO MORAL

TENHO VISTO MEUS AMIGOS CAÍREM. Pergunto-me por que o fazem. O que faz um homem jogar fora o seu casamento e tudo pelo que trabalhou, por uma relação amorosa passageira? Pegue, por exemplo, Davi — o maior rei de Israel, o "homem segundo o coração de Deus". Ele se apaixonou pela jovem e bonita mulher de Urias, Bate-Seba.

Isso aconteceu na primavera, "...no tempo em que os reis costumam sair para a guerra..." (2 Samuel 11:1). Nessa primavera, no entanto, em uma letargia fatal, as energias de Davi concentraram-se em outra direção. "Uma tarde, levantou-se Davi do seu leito e andava passeando no terraço da casa real..." (v.2).

De lá ele tinha uma visão controladora de Jerusalém e podia enxergar, mais em baixo, os pátios vizinhos. Ao observar sua cidade, seus olhos caíram sobre uma jovem mulher tomando banho. O texto diz que ela era muito bonita (2 Samuel 11:2).

Se a mulher não parece modesta, vocês devem se lembrar de que não havia encanamento nas casas naqueles dias. Os banhos eram tomados normalmente do lado de fora, em pátios cercados.

Davi ficou encantado! Mandou alguém "perguntar quem era" (2 Samuel 11:3), ocasião em que um de seus amigos tentou desencorajá-lo. "...é Bate-Seba, filha de Eliã e mulher de Urias, o heteu" (v.3), ele perguntou. Bate-Seba era casada — na verdade, casada com Urias, um dos valentes de Davi, membro da exclusiva guarda pessoal de Davi (2 Samuel 23:39).

Davi, entretanto, não seria renegado. "Enviou Davi mensageiros que a trouxessem." Um erro levou a outro e "ele se deitou com ela". Ela então "voltou para sua casa". Conta o relato que ela, mais tarde, "...mandou dizer a Davi: Estou grávida" (2 Samuel 11:4-5).

Davi sabia que estava em grande apuro! O marido de Bate-Seba estava envolvido no cerco da cidade amonita de Rabá e ficaria fora por vários meses. Qualquer um podia contar até nove. Em outras terras os reis eram a lei, mas não em Israel. Ninguém estava acima da Palavra de Deus. Adultério era um pecado sério.

Mas Davi, sempre um homem de ação, inventou um plano para evitar as consequências de seu romance. Enviou uma ordem a Joabe para dispensar Urias do seu comando e o enviar a Jerusalém, pretensamente com o fim de trazer notícias da guerra, mas na realidade era para trazê-lo à sua casa, para Bate-Seba. Quando o velho guerreiro chegou, Davi ouviu o seu relatório e então despediu Urias para sua casa: "Desce a tua casa e lava os pés" (2 Samuel 11:8), ele disse com um brilho no olhar.

Mas Urias "...se deitou à porta da casa real, com todos os servos do seu senhor, e não desceu para sua casa" (2 Samuel 11:9). Quando Davi perguntou por que não havia ido para sua casa, Urias explicou: "A arca, Israel e Judá ficam em tendas; Joabe, meu senhor, e os servos de meu senhor estão acampados ao ar livre; e hei de eu entrar na minha casa, para comer e beber e para me deitar com minha mulher? Tão certo como tu vives e como vive a tua alma, não farei tal cousa" (v.11).

Davi replicou: "Demora-te aqui ainda hoje, e amanhã te despedirei. Urias, pois, ficou em Jerusalém aquele dia e o seguinte. Davi o convidou, e comeu e bebeu com ele, e o embebedou; à tarde, saiu Urias a deitar-se na sua cama, como os servos de seu senhor; porém não desceu à sua casa" (2 Samuel 11:12-13).

Urias não quis ir para sua casa enquanto aqueles que estavam sob seu comando estivessem separados de suas mulheres e de suas famílias. Apesar dos repetidos esforços de Davi para persuadir Urias, o velho e austero heteu recusou. Até mesmo embebedá-lo, falhou. Ao cair da noite, Urias desenrolava sua esteira de dormir no chão da casa da guarda do palácio e dormia com o resto das tropas.

O tempo estava acabando. No desespero, Davi comprometeu sua vida ordenando ao General Joabe: "Ponde Urias na frente da maior força da peleja; e deixai-o sozinho, para que seja ferido e morra" (2 Samuel 11:15).

Joabe, que não era tolo, recusou-se a seguir as determinações de Davi. O plano era tão obviamente traiçoeiro, que ele o alterou: "Tendo, pois, Joabe sitiado a cidade, pôs a Urias no lugar onde sabia que estavam homens valentes. Saindo os homens da cidade e pelejando com Joabe, caíram alguns do povo, dos servos de Davi; e morreu também Urias, o heteu" (2 Samuel 11:16-17).

Joabe enviou um mensageiro a Davi com notícias da batalha. Sabia que Davi iria criticar suas táticas e a resultante perda de vidas, mas apressou-se a anunciar que Urias havia sido morto (2 Samuel 11:18-22). Davi não queria que Joabe ficasse perturbado, então disse: "...a espada devora tanto este como aquele" (v.25).

Quando Bate-Seba ouviu que seu marido estava morto, ela pranteou por ele. Quando seu breve período de luto terminou, Davi "...mandou buscá-la e a trouxe para o palácio; tornou-se ela sua mulher e lhe deu à luz um filho" (2 Samuel 11:27).

Davi agiu com pressa inadequada, mas o casamento colocava um fim legal à sórdida questão — ou assim pensava Davi. Deus, no entanto, sabia, e "isto que Davi fizera foi mal aos olhos do SENHOR" (2 Samuel 11:27).

Passou-se um ano, durante o qual Davi deteriorava física e emocionalmente. Ele mais tarde descreveu seus sentimentos:

*Enquanto calei os meus pecados, envelheceram os meus ossos pelos meus constantes gemidos todo o dia. Porque a tua mão pesava dia e noite sobre mim, e o meu vigor se tornou em sequidão de estio (Salmo 32:3-4).*

Sua consciência atormentada deixava-o desassossegado e melancólico. Durante todo o tempo em que estava acordado sentia-se completamente infeliz. À noite virava-se na cama, agitado. A ansiedade minava sua energia. Sua depressão se aprofundava a cada dia que passava.

Enfim, Davi teve que enfrentar os fatos. Com mais precisão, teve que enfrentar o profeta Natã, que sabia da verdade. Natã armou uma armadilha para o rei-pastor contando uma história sobre um homem rico que possuía grandes rebanhos de ovelhas, mas que tomou a ovelhinha de estimação de outro homem para servi-la a um viajante estrangeiro (2 Samuel 12:4).

Davi ficou furioso, e a princípio teve uma reação exagerada, por causa de sua indignidade: "Tão certo como vive o S, o homem que fez isso deve ser morto." Porém o roubo de ovelhas não era uma ofensa capital em Israel. De acordo com Êxodo 22:1, um ladrão era obrigado somente a fazer restituição quadruplicada à vítima. Davi, então, disse: "E pela cordeirinha restituirá quatro vezes, porque fez tal cousa e porque não se compadeceu" (2 Samuel 12:6).

Natã dirigiu o veredicto a Davi. "Tu és o homem. Assim diz o S, Deus de Israel: Eu te ungi rei sobre Israel e eu te livrei das mãos de Saul; dei-te a casa de teu senhor e as mulheres de teu senhor em teus braços e também te dei a casa de Israel e de Judá; e, se isto fora pouco, eu teria acrescentado tais e tais cousas. Por que, pois, desprezaste a palavra do S, fazendo o que era mal perante ele?" (2 Samuel 12:7-9).

Quando ficou face a face com sua corrupção, as defesas de Davi se desmoronaram. Escondendo a face em suas mãos, ele clamou, "...Pequei contra o S." E Natã replicou: "Também o S te perdoou o teu pecado; não morrerás" (2 Samuel 12:13).

Para crédito de Davi, ele não tentou se justificar. Reconheceu seu pecado, e Deus imediatamente cancelou a evidência que estava contra ele. Davi podia levantar sua cabeça. Como mais tarde escreveu:

*Confessei-te o meu pecado e a minha iniquidade não mais ocultei. Disse: confessarei ao S as minhas transgressões; e tu perdoaste a iniquidade do meu pecado (Salmo 32:5).*

Assim como o apóstolo João prometeu: "Se confessarmos os nossos pecados, ele é fiel e justo para nos perdoar os pecados e nos purificar de toda injustiça" (1 João 1:9). Felicidade é saber que nossos pecados foram perdoados.

*Bem-aventurado aquele cuja iniquidade é perdoada, cujo pecado é coberto. Bem-aventurado o homem a quem o SENHOR não atribui iniquidade e em cujo espírito não há dolo (Salmo 32:1-2).*

Davi carregou terríveis consequências pelo seu pecado. Natã predisse que ele iria sofrer:

*Agora, pois, não se apartará a espada jamais da tua casa, porquanto me desprezaste e tomaste a mulher de Urias, o heteu, para ser tua mulher. Assim diz o SENHOR: Eis que da tua própria casa suscitarei o mal sobre ti, e tomarei tuas mulheres à tua própria vista, e as darei a teu próximo, o qual se deitará com elas, em plena luz deste sol. Porque tu o fizeste em oculto, mas eu farei isto perante todo o Israel e perante o sol. Mas, posto que com isto deste motivo a que blasfemassem os inimigos do SENHOR, também o filho que te nasceu morrerá (2 Samuel 12:10-12,14).*

Davi pagou muito caro por seus poucos momentos de prazer. Sua vida familiar e carreira política se desfizeram ao que parece daquele momento em diante. Tudo o que Natã predisse, aconteceu.

*Não vos enganeis: de Deus não se zomba; pois aquilo que o homem semear, isso também ceifará (Gálatas 6:7).*

Mas Davi pôde levantar-se de sua queda para andar com Deus. "Nenhuma quantidade de quedas pode realmente nos destruir," escreveu C. S. Lewis, "se continuarmos a nos levantar a cada vez, seremos, é claro, crianças muito enlameadas e esfarrapadas quando enfim chegarmos a casa... A única atitude fatal é perder a cabeça e desistir."

## A LEI DA CONSEQUÊNCIA INEVITÁVEL

Ler a história de Davi e observar meus amigos caírem levou-me a uma conclusão: o colapso moral raramente é uma ruptura; é mais como um pequeno vazamento — o resultado de milhares de pequenas indulgências. Muito poucas pessoas planejam um relacionamento adúltero; elas se envolvem passo a passo até deixarem-se dominar.

Começa com a atração. Não é tanto a lascívia, como o apaixonar-se, que nos faz cair. Somos atraídos a alguém sensível e compreensivo, alguém que ouve e parece se importar. Somos seduzidos por essa atração e levados adiante em degraus imperceptíveis.

A atração torna-se fantasiosa: Imaginamo-nos com aquela pessoa e a sensação é boa. Os romances, na imaginação, parecem ser tão certos. Esse é o engano fundamental.

As fantasias nos enfraquecem, e nossas convicções são minadas. Estamos, então, mentalmente aptos a dar ouvidos aos nossos anseios, e tendo-os escutado, não temos determinação para resistir. Não conseguimos negar a realidade dos nossos pensamentos, agora predominantes.

Há, então, os encontros e o compartilhamento de conflitos interiores, frustrações conjugais, e outras feridas profundas. E com esse envolvimento, o relacionamento começa a mudar. Somos subitamente duas pessoas solitárias necessitando do amor um do outro.

Então vem a inevitável transigência, e com ela a necessidade de justificar o romance. Não podemos viver com a dissonância. Precisamos racionalizar nosso comportamento culpando algo ou alguém — as pressões do nosso emprego, ou as limitações de nossos parceiros. Os erros das outras pessoas tornam-se a nossa justificativa. Tudo deve ser feito para a situação parecer melhor.

Nossos corações sabem a verdade. Existem momentos em que nossas vontades são tocadas e ansiamos poder endireitar tudo. Se não ouvimos o nosso coração nesse momento, vem então um endurecimento metálico, e depois a corrupção. Nosso erro sofre uma mutação que altera sua forma e qualidade, evoluindo para um narcisismo tenebroso e uma crueldade revoltante. Não nos importamos com quem quer que se machuque, contanto que obtenhamos o que queremos.

E finalmente acontece a inevitável revelação. Primeiro, negamos: "Não existe outra pessoa!" Então, dissimulamos: "É só platônico." E por fim, nosso engano é proclamado dos topos dos telhados. Não há lugar onde possamos nos esconder da luz.

Quando ruímos, e nossos maus atos se encontram expostos, Deus nos lembra de Sua cruz, Seu perdão, e de Sua incomparável graça. Ele então começa a fazer de nós novas pessoas. Existe um só caminho, porém, para conhecer esse perdão: o reconhecimento do horror do nosso pecado e aquela antiquada palavra — *arrependimento*. Precisamos odiar o que fizemos, e nos desviar disso com aversão.

É o que Paulo chama de "tristeza segundo Deus [que] produz arrependimento para a salvação, que a ninguém traz pesar" (2 Coríntios 7:10). A tristeza que não procede de Deus é a tristeza de ter sido descoberto, ou de sofrer as consequências de ter sido descoberto. O resultado desta é culpa, ansiedade, e desespero ainda maior. A tristeza segundo Deus, por outro lado, é a tristeza pelo próprio pecado e pelo dano que provocou em outras pessoas. A tristeza segundo Deus se propõe a endireitar o que está errado.

Eis como Paulo se expressa: "...quanto cuidado [em obedecer] não produziu isto mesmo em vós que, segundo Deus, fostes contristados! Que defesa [do erro], que indignação [contra o mal], que temor [de cair em pecado novamente], que saudades [da pureza], que zelo [por todos os que foram prejudicados por nosso pecado], que vindita [da justiça]!" (2 Coríntios 7:11).

Como Davi mesmo aprendeu, "Sacrifícios agradáveis a Deus são o espírito quebrantado; coração compungido e contrito, não o desprezarás, ó Deus" (Salmo 51:17). Até mesmo em nosso aviltamento, Deus discerne as possibilidades, perdoa nossos pecados, neutraliza nossos erros, e nos torna melhores do que jamais fomos.

Portanto, ao invés de lamentar nossa humilhação, devemos ir em frente. O pecado pode ter consequências com as quais precisemos viver pelo resto de nossas vidas naturais, mas o pecado do qual nos arrependemos só pode contribuir para o nosso bem maior. Deus toma o pior que podemos fazer e torna-o parte do bem que Ele nos prometeu. Ele é o Deus de tolos e de fracassados, e o Deus de uma nova chance.

# 6

# DANIEL

A VIDA ESPIRITUAL EM UMA CULTURA SECULAR

# O CONFLITO DE CULTURAS

Nos anos de 1960, os cidadãos americanos estavam lutando em várias frentes de batalha. No Vietnã, soldados morriam em uma guerra impopular. Na América do Norte uma série de conflitos ocupava os cidadãos; conflitos estes que registravam novos capítulos da história americana:

- **Conflito geracional,** com os jovens desafiando as autoridades, as instituições, e a riqueza adquirida com dificuldades e que a geração de seus pais lhes passava como legado.
- **Conflito racial,** com uma emergente comunidade afro-americana que finalmente se levantava para reclamar a igualdade de direitos garantidos pela constituição nacional.
- **Conflito religioso,** com as tradições históricas das igrejas tradicionais sendo desafiadas por um entusiástico movimento jovem que chamava a si mesmo de *O Povo de Jesus*.

A turbulência dos anos de 1960 prenunciou uma série de conflitos sociais que ameaçariam seriamente a unidade da nação. *As Guerras Culturais,* como ficaram conhecidas, dividiram a sociedade a respeito de uma série de questões morais ligadas frequentemente às convicções religiosas.

## O IMPACTO DAS DIFERENÇAS NASCIDAS DA FÉ

O papel da fé pessoal em uma cultura seccionada é inevitável. Como o autor Os Guinness escreveu em seu livro *Chamado* (© 2001 Editora Cultura Cristã, SP):

> No mundo de hoje, é notório que as diferenças podem fazer a diferença. As crenças têm consequências.

O que principia como concepções teoricamente diferentes de Deus; o mundo, justiça, humanidade e liberdade, acabam sendo maneiras radicalmente divergentes de viver e de morrer.

No passado, algumas pessoas de fé afastaram-se da sociedade para comunidades isoladas, separadas da agitação cultural. Outros se organizaram em grupos de ações políticas. Ainda outros se descobriram destinados a mostrar que, nas mãos de Deus, uma vida pode provocar mudanças — mesmo sem a garantia de direitos civis, e mesmo cercada por uma cultura estranha.

### A INFLUÊNCIA DE UMA VIDA

Por volta de 600 anos antes do nascimento de Cristo, Daniel viu sua nação assolada e sua vida desarraigada. Com um grupo de outros reféns judeus, ele foi levado como cativo a um lugar chamado Babilônia — uma cultura estrangeira, centenas de quilômetros distante da relativa estabilidade de Jerusalém. Na região que hoje chamamos de Iraque, Daniel experimentou o desafio de viver a sua fé em uma cultura dedicada a um conjunto de valores e prioridades muito diferentes dos seus.

Ao entrarem nesse novo mundo, Daniel e seus amigos expressaram convicções que estavam fadadas a colocá-los em desacordo com seus poderosos captores. No entanto, no meio de um mundo pagão, Daniel tornou-se:
- líder governamental, nomeado para servir em posições de responsabilidade, em três reinados;
- historiador, registrando o que Deus fizera em seus dias;
- profeta, ocupado em predizer o futuro e falar a verdade aos líderes.

No desenrolar do drama bíblico, Daniel é um estudo de caso sobre a fé pessoal vivenciada em uma cultura hostil.

## UMA VIDA EM DESTAQUE (DANIEL 1)

Quando a história de Daniel começa, Judá está sendo invadida, e a atividade comercial como de costume parou. O profeta Jeremias sabia o motivo. Por mais de 20 anos ele havia insistido com os cidadãos de Judá para retornarem ao seu Deus. Ele os advertiu de que, se recusassem, seriam capturados pelos babilônicos e levados cativos por 70 anos (Jeremias 25:1-11). Como Judá não ouviu, Daniel escreve agora como testemunha da invasão que ocorreu e descreve o que aconteceu em seu despertar.

### O plano do rei (Daniel 1:1-7)

No ano terceiro do reinado de Jeoaquim, rei de Judá, veio Nabucodonosor, rei da Babilônia, a Jerusalém e a sitiou. O Senhor lhe entregou nas mãos a Jeoaquim, rei de Judá, e alguns dos utensílios da Casa de Deus; a estes, levou-os para a terra de Sinear, para a casa do seu deus, e os pôs na casa do tesouro do seu deus (vv.1-2).

O rei Nabucodonosor da Babilônia decidiu levar os melhores e mais inteligentes da nação cativa de Judá e usá-los para promover sua nação. Diferente de Assuero no livro de Ester que capturou as mulheres para o prazer pessoal, Nabucodonosor escolheu os melhores para aperfeiçoar a sua nação:

> Disse o rei a Aspenaz, chefe dos seus eunucos, que
> trouxesse alguns dos filhos de Israel, assim da linhagem
> real como dos nobres, jovens... (vv.3-4a).

Ele associou as melhores mentes e capacidades para tornar a Babilônia mais forte. Esse processo de seleção exigia que eles preenchessem altos critérios. Note que ele escolheu:

*Jovens sem nenhum defeito, de boa aparência, instruídos em toda a sabedoria, doutos em ciência, versados no conhecimento e que fossem competentes para assistirem no palácio do rei... (v.4)*

Essa é uma lista impressionante! Eles precisavam ter boa aparência e sem qualquer defeito físico, hábeis na sabedoria e capazes de aprender, e dotados na área de discernimento.

Estes jovens seriam transformados em sábios. Repare nos versos 4b-7:

*...e lhes ensinasse a cultura e a língua dos caldeus. Determinou-lhes o rei a ração diária, das finas iguarias da mesa real e do vinho que ele bebia, e que assim fossem mantidos por três anos, ao cabo dos quais assistiriam diante do rei. Entre eles, se achavam, dos filhos de Judá, Daniel, Hananias, Misael e Azarias. O chefe dos eunucos lhes pôs outros nomes, a saber: a Daniel o de Beltessazar; a Hananias, o de Sadraque; a Misael, o de Mesaque; e a Azarias, o de Abede-Nego.*

Esta estratégia apresentava alguns desafios sutis. Sim, eles estariam em situação melhor que os escravos na Babilônia, mas sua situação gerava desafios que os outros não enfrentariam. Esses desafios vieram de formas diversas:

## Ambiente

Estes são os problemas que, ou moldam o nosso caráter ou o revelam. A chave aqui é que, tendo sido levados para uma terra estranha e pagã em uma idade impressionável, Daniel manteria sua pureza.

### Estilo de vida

"As finas iguarias do rei" não eram necessariamente más, nutricionalmente. Eram comidas que haviam sido oferecidas e dedicadas aos falsos deuses da Babilônia. Comer esses pratos significava endossar esses ídolos.

### Lealdade

O plano do rei era um ataque sutil ao centro de gravidade dos rapazes. Primeiro, ele buscou mudar seu pensamento exigindo que estudassem com os astrólogos da Babilônia. O segundo alvo era mudar sua adoração pela troca de seus nomes. Todos eles tinham nomes que apontavam ao Deus de Israel. A mudança dos nomes era para indicar uma mudança de lealdade aos deuses babilônicos.

Qual era o alvo de Nabucodonosor? Mudando seu modo de pensar, comer e adorar, ele esperava mudar seu modo de viver. Como eles reagiriam a esse teste de caráter?

## A REAÇÃO DE DANIEL (DANIEL 1:8-14)

*Resolveu Daniel, firmemente, não contaminar-se com as finas iguarias do rei, nem com o vinho que ele bebia; então, pediu ao chefe dos eunucos que lhe permitisse não contaminar-se (v.8).*

Daniel reconheceu que comer da comida do rei suscitava uma questão de princípio. Ele viu algo a respeito da comida que inspirava uma resposta semelhante ao que encontramos o

Rei Davi dizendo no Salmo 119: "Guardo no coração as tuas palavras, para não pecar contra ti" (v.11).

O que Daniel viu? Em primeiro lugar, a comida do rei não era *kosher* — não era preparada de acordo com os princípios alimentares de Israel. A vida no exílio, no entanto, tornou impossível aos rapazes judeus guardar muitas leis de Israel baseadas na *Torah* e no templo. Mas o que provavelmente seria uma questão ainda mais importante para Daniel, era o padrão que emerge em outros aspectos de sua vida. Ele não queria fazer nada que honrasse os deuses da Babilônia. Comer e beber, comida e vinho oferecidos aos ídolos foi provavelmente o que Daniel viu como uma violação da Palavra e da honra do seu Deus.

Seguir o curso da maioria seria o caminho mais fácil, "Quando na Babilônia, faça como os babilônicos fazem." Mas o objetivo de Daniel era a obediência, apesar do ambiente em que estava.

Daniel e seus amigos tomaram uma posição que aparentemente os outros cativos não tomaram. Repare que Daniel "resolveu [...] firmemente". Esta é a atitude-chave. Se a prioridade é a pureza, você deve ter o desejo de obedecer a Deus, e o compromisso de agir com base nesse desejo. Daniel tinha uma variedade de opções, mas ele estava determinado a ser leal ao seu Deus. Uma vida comprometida com Deus inicia com firme propósito de coração, e Daniel desde o início do período de três anos de treinamento, foi avaliado neste assunto.

*Ora, Deus concedeu a Daniel misericórdia e compreensão da parte do chefe dos eunucos. Disse o chefe dos eunucos a Daniel: Tenho medo do meu senhor, o rei, que determinou a vossa comida e a vossa bebida; por que, pois, veria ele os vossos rostos mais abatidos do que o dos outros jovens da vossa idade? Assim, poríeis em perigo a minha cabeça para com o rei" (vv.9-10).*

Confrontado com este dilema, Daniel usou diplomacia e demonstrou uma consciência correta. Vemos até mesmo aqui a obra de Deus em preparação para esse momento. Daniel tomou uma posição — e Deus lhe concedeu favor aos olhos do chefe dos eunucos.

Então Daniel disse ao mordomo que havia sido designado para cuidar dele:

*Experimenta, peço-te, os teus servos dez dias; e que se nos deem legumes a comer e água a beber. Então, se veja diante de ti a nossa aparência e a dos jovens que comem das finas iguarias do rei; e, segundo vires, age com os teus servos. Ele atendeu e os experimentou dez dias (vv.12-14).*

Daniel foi ao encarregado e pediu que fizessem uma experiência de 10 dias com uma dieta de hortaliças. Sou uma pessoa que gosta de carne e batatas, então tal dieta não parece muito atraente para mim. Dez dias de legumes? Não para mim. Além disso, entretanto, tal teste requeria uma espécie de suspensão das leis de nutrição. Como poderia haver uma diferença notável em apenas 10 dias? Era uma pequena prova de fé que prepararia Daniel para os testes de fé maiores que estavam por vir.

## O LIVRAMENTO DE DEUS (DANIEL 1:15-20)

O teste funcionou e mostrou que Daniel e seus amigos sabiam o que Israel esquecera — Deus abençoa a obediência.

*No fim dos dez dias, a sua aparência era melhor; estavam eles mais robustos do que todos os jovens que comiam das finas iguarias do rei. Com isto, o cozinheiro-chefe tirou deles as finas iguarias e o vinho que deviam beber e lhes dava legumes (vv.15-16).*

Daniel e seus amigos se deram melhor que os outros porque Deus trabalhou em seu favor. Como resultado, lhes foi permitido que continuassem com a dieta (embora, para mim, seria mais uma punição que recompensa). A vida de Daniel permanecera firme porque ele estava comprometido com uma pureza que flui da obediência à Palavra, e esta lhe proporcionou um alicerce para viver em uma cultura difícil.

*Ora, a estes quatro jovens Deus deu o conhecimento e a inteligência em toda cultura e sabedoria; mas a Daniel deu inteligência de todas as visões e sonhos. Vencido o tempo determinado pelo rei para que os trouxessem, o chefe dos eunucos os trouxe à presença de Nabucodonosor. Então, o rei falou com eles; e, entre todos, não foram achados outros como Daniel, Hananias, Misael e Azarias; por isso, passaram a assistir diante do rei (vv.17-19).*

No versículo 20 a bênção de Deus é confirmada no momento em que Daniel e seus amigos foram declarados "dez vezes mais doutos" que todos os outros sábios da Babilônia.

Ao final de seu treinamento, Daniel não tinha mais que 20 anos de idade, o que significa que tinha apenas 16 ou 17 anos quando ele e os outros rapazes foram postos à prova. Com tão pouca idade Daniel foi separado para servir e viveu uma vida de grande destaque no poderoso governo pagão do mundo antigo.

# UMA VIDA DE CONFIANÇA (DANIEL 2)

CONSIDERE AS SEGUINTES situações. O que eles têm em comum?

- um goleiro em uma cobrança de pênalti, jogando pela Copa do Mundo;
- um cirurgião em meio a uma cirurgia cardíaca muito difícil;
- um piloto tentando aterrissar um jato com dois motores danificados.

Todas estas situações desafiadoras exigem que o indivíduo desempenhe, em momentos de grande pressão e escrutínio. E essa é a posição em que encontramos Daniel e seus amigos na continuação dessa história. Eles vencerão a pressão com profunda confiança em Deus.

## O CENÁRIO ESTÁ MONTADO (DANIEL 2:1-13)

*No segundo ano do reinado de Nabucodonosor, teve este um sonho; o seu espírito se perturbou, e passou-se-lhe o sono (v.1).*

Este versículo resume a linha do verso de Shakespeare em *Henry IV:* "Repousa sem sossego a cabeça coroada." O sono de Nabucodonosor foi perturbado por sonhos, mas um sonho em particular o preocupou. Como disse um escritor, os cuidados do dia tornaram-se os cuidados da noite, e o rei acordou perturbado e mandou chamar seus conselheiros. (Daniel e seus amigos não foram convocados, o que dá a entender que naquele tempo ainda estavam em treinamento). Quem o rei chamou? O versículo 2 nos diz: "os magos, os encantadores, os feiticeiros e os caldeus".

"Os magos" eram os eruditos ou escritores sagrados. "Os astrólogos" eram encantadores e sacerdotes sagrados. "Os feiticeiros" estavam envolvidos com o oculto e vendiam ervas e poções. E "os caldeus" eram os sábios do rei.

Quando todos se achavam reunidos diante do rei, um diálogo mostrou a esses supostos sábios exatamente o problema em que se encontravam. Observe o desenrolar do diálogo nos versos 3-9:

> *Disse-lhes o rei: Tive um sonho, e para sabê-lo está perturbado o meu espírito. Os caldeus disseram ao rei em aramaico: Ó rei, vive eternamente! Dize o sonho a teus servos, e daremos a interpretação. Respondeu o rei e disse aos caldeus: Uma cousa é certa: se não me fizerdes saber o sonho e a sua interpretação, sereis despedaçados, e as vossas casas serão feitas monturo; mas, se me declarardes o sonho e a sua interpretação, recebereis de mim dádivas, prêmios e grandes honras; portanto, declarai-me o sonho e a sua interpretação. Responderam segunda vez, e disseram: Diga o rei o sonho a seus servos, e lhe daremos a interpretação. Tornou o rei e disse: Bem, percebo que quereis ganhar tempo, porque vedes que o que eu disse está resolvido, isto é: se não me fazeis saber o sonho, uma só sentença será vossa; pois combinastes palavras mentirosas e perversas para as proferirdes na minha presença, até que se mude a situação; portanto, dizei-me o sonho, e saberei que me podeis dar-lhe a interpretação.*

Sua súplica por misericórdia nos versos 10-13 revelou a seriedade do perigo em que se encontravam:

> *Responderam-lhes os caldeus na presença do rei e disseram: Não há mortal sobre a terra que possa revelar*

*o que o rei exige; pois jamais houve rei, por grande e poderoso que tivesse sido, que exigisse semelhante cousa dalgum mago, encantador ou caldeu. A cousa que o rei exige é difícil, e ninguém há que a possa revelar diante do rei, senão os deuses, e estes não moram com os homens. Então, o rei muito se irou e enfureceu; e ordenou que matassem a todos os sábios da Babilônia. Saiu o decreto segundo o qual deviam ser mortos os sábios; e buscaram a Daniel e aos seus companheiros, para que fossem mortos.*

Quando os caldeus disseram ao rei que seu pedido para interpretar seu sonho era injusto, porque somente os deuses poderiam fazer tal coisa, eles armaram o cenário para o Deus de Daniel fazer exatamente isso!

Uma vez admitida sua incapacidade, Nabucodonosor explodiu. Ele estava tão furioso que ordenou que todos os sábios — inclusive Daniel e os rapazes em treinamento — fossem executados. Como resultado, Daniel e seus amigos foram presos.

## Os corações submissos (Daniel 2:14-23)

Arioque, capitão da guarda do rei, foi enviado para matar todos os sábios da Babilônia, mas quando chegou a Daniel, ele foi capaz de lhe falar "avisada e prudentemente" (v.14). Daniel pediu uma explicação e Arioque lhe contou toda a história. Aproveitando bem a oportunidade,

*Foi Daniel ter com o rei e lhe pediu designasse o tempo, e ele revelaria ao rei a interpretação (v.16).*

Daniel, em essência, disse: "Dê-me tempo, e eu garanto ao rei uma resposta." Essa era uma enorme promessa em face ao fracasso dos outros.

> *Então, Daniel foi para casa e fez saber o caso a Hananias, Misael e Azarias, seus companheiros, para que pedissem misericórdia ao Deus do céu sobre este mistério, a fim de que Daniel e seus companheiros não perecessem com o resto dos sábios da Babilônia (vv.17-18).*

Daniel compartilhou o peso de seu coração com seus amigos, e juntos começaram a orar. Eles começaram a "pedi[r] misericórdia ao Deus do céu". Essa era uma poderosa expressão de sua confiança espiritual. Eles desejavam que Deus, em Sua misericórdia, interviesse e os livrasse da execução que havia sido planejada.

> *Então, foi revelado o mistério a Daniel numa visão de noite; Daniel bendisse o Deus do céu. Disse Daniel: Seja bendito o nome de Deus, de eternidade a eternidade, porque dele é a sabedoria e o poder; é ele quem muda o tempo e as estações, remove reis e estabelece reis; ele dá sabedoria aos sábios e entendimento aos inteligentes. Ele revela o profundo e o escondido; conhece o que está em trevas, e com ele mora a luz. A ti, ó Deus de meus pais, eu te rendo graças e te louvo, porque me deste sabedoria e poder; e, agora, me fizeste saber o que te pedimos, porque nos fizeste saber este caso do rei (vv.19-23).*

Ao orarem, Deus desvendou o mistério do sonho do rei a Daniel. Observe no verso 19 a declaração simples dessa resposta de oração. Não era uma grande surpresa! Com o proverbial instrumento de execução ainda ao redor do pescoço de Daniel, sua primeira reação não foi a de obter alívio ou de usar seu conhecimento para sua própria vantagem. Ao invés disso, sua primeira reação foi a de adorar. E o foco dessa adoração era o Deus de poder e provisão. Que grandioso louvor ele rendeu:

- "Seja bendito o nome de Deus", que é um emblema de seu caráter;
- "Dele é a sabedoria e o poder", e não de Daniel;
- "É ele quem muda o tempo e as estações", significando total controle sobre toda a vida;
- "remove reis e estabelece reis", pois Deus é soberano sobre todas as nações;
- "Ele dá sabedoria [...] e entendimento", como Tiago 1:5 promete;
- "Ele revela o profundo e o escondido", inclusive este sonho;
- "Conhece o que está em trevas, e com ele mora a luz".

Daniel deu a Deus toda a glória pela resposta à sua oração (v.23). Que maravilhosa demonstração de adoração! Teria sido inapropriado para Daniel agradecer a Deus por salvar sua vida? É claro que não, mas parece que, na mente de Daniel, até esse livramento milagroso era secundário à maravilha do Deus que o realizou.

A reação de Daniel deveria nos levar a examinar nosso coração para ver qual teria sido o nosso foco:

- naquele que abençoa ou nas bênçãos?
- no Senhor da obra ou na obra?
- no Deus que responde à oração ou na resposta?

Tudo se trata de objetivo. E quando deixamos de colocar nossa confiança em Deus, é fácil perder nosso foco. Nossas perspectivas se tornam embaçadas, e vemos as árvores, e não as florestas. No entanto o foco de Daniel permaneceu límpido durante um tempo de pressão de vida ou morte. Seu coração estava firme em seu Deus, e este lhe deu capacidade para realizar, ao invés de murchar sob a pressão.

## O SEGREDO REVELADO (DANIEL 2:24-30)

Daniel foi em frente confiante de que Deus iria preparar o caminho.

> *Por isso, Daniel foi ter com Arioque, ao qual o rei tinha constituído para exterminar os sábios da Babilônia; entrou e lhe disse: Não mates os sábios da Babilônia; introduze-me na presença do rei, e revelarei ao rei a interpretação. Então, Arioque depressa introduziu Daniel na presença do rei e lhe disse: Achei um dentre os filhos dos cativos de Judá, o qual revelará ao rei a interpretação (vv.24-25).*

Daniel foi a Arioque, que anunciou ao rei que a resposta havia sido encontrada. Quando Daniel compareceu perante o rei (aparentemente pela primeira vez, e ainda apenas um adolescente), o rei fez uma pergunta constrangedora:

> *Podes tu fazer-me saber o que vi no sonho e a sua interpretação? (v.26).*

Em outras palavras, seria Daniel capaz de ter sucesso onde os outros sábios haviam falhado? Como os versos seguintes mostram, a resposta foi um positivo sim.

> *Respondeu Daniel na presença do rei e disse: O mistério que o rei exige, nem encantadores, nem magos nem astrólogos o podem revelar ao rei; mas há um Deus no céu, o qual revela os mistérios, pois fez saber ao rei Nabucodonosor o que há de ser nos últimos dias. O teu sonho e as visões da tua cabeça, quando estavas no teu leito, são estas: Estando tu, ó rei, no teu leito, surgiram-te pensamentos a respeito do que há de ser depois disto. Aquele, pois, que revela mistérios te revelou o que há de ser. E a mim me foi revelado este mistério, não porque*

*haja em mim mais sabedoria do que em todos os viventes, mas para que a interpretação se fizesse saber ao rei, e para que entendesses as cogitações da tua mente (vv.27-30).*

Não era uma questão de falsa humildade. Era uma sincera percepção de seu papel no acontecimento. Para este jovem, a questão estava clara — tratava-se de Deus, não de Daniel. E suas ações revelaram a confiança que sentia.

## APLICAÇÃO

Daniel relataria detalhadamente o sonho e sua interpretação nos versos 31-45, mas o resultado importante está nos versos 46-47 — uma declaração da glória do Deus de Daniel.

Na vida, como nas condições atmosféricas, há períodos de alta e baixa pressão — porém, nunca há períodos de ausência de pressão. Nossas escolhas durante esses tempos incertos dizem muito sobre nós.

Onde colocamos nosso enfoque em tempos de pressão? Estamos nos debatendo para nos proteger a todo custo? Estamos fazendo coisas desesperadas que prejudicam outras pessoas no processo? Ou nos preocupamos mais sobre como nossas ações refletirão em nosso Deus?

Em seus momentos de reflexão, peça a Deus para demonstrar Sua presença claramente em sua vida. Use esses momentos para se ajustar aos eternos propósitos e glória de Deus.

## UMA VIDA DE CORAGEM (DANIEL 5)

O Autor Os Guinness escreve em *Chamado* que envelhecer nos anos de 1960 era "um privilégio motivador". Ninguém podia ter certeza de coisa alguma. Para as pessoas intelectuais, tudo era questionado e reexaminado desde o princípio. Guinness continua:

> Em nenhum lugar esse desafio era mais evidente do que se tratando de conhecermos em quê e por que críamos... E o sentimento predominante de "tudo menos o cristianismo" dessa década significava, muitas vezes, que qualquer religião era saudável, relevante e empolgante, conquanto não fosse a cristã, a ortodoxa, ou a tradicional (© 2001 Editora Cultura Cristã, SP).

### Um novo rei (Daniel 5:1-4)

Ao nos aproximarmos de Daniel 5, vemos um homem que desafiou tudo — especialmente o Deus a quem Nabucodonosor se entregara anos antes (Daniel 4:34-37). O ano é 538 a.C., 23 anos depois da morte de Nabucodonosor. O novo rei é o neto de Nabucodonosor, Belsazar — um homem devotado a qualquer deus, menos ao Deus verdadeiro. Esta devoção traria sua própria queda e a de seu reino. A cidade de Babilônia estava cercada pelos exércitos do império medo-persa. Daniel, agora octagenário, teve que confrontá-lo.

Agindo como Nero que se divertia enquanto Roma incendiava, Belsazar decretou um feriado nacional — apesar do cerco que ameaçava a cidade.

*O rei Belsazar deu um grande banquete a mil dos seus grandes e bebeu vinho na presença dos mil (v.1).*

Por que faria isso? Há várias razões possíveis. Primeiro, para despreocupar o povo. Como alguém que assobia nervosamente ao passar por um cemitério, ele convidou mil líderes da cidade para demonstrar uma atmosfera de confiança apesar do perigo. Segundo, Belsazar pode ter desejado demonstrar a autoridade de seu reino. Terceiro, ele queria celebrar os deuses babilônicos. Esses deuses estavam representados nas paredes da sala do banquete, e Belsazar dedicou um brinde a cada um deles individualmente. Quando estavam todos bêbados, o rei cometeu seu erro fatal.

*Enquanto Belsazar bebia e apreciava o vinho, mandou trazer os utensílios de ouro e de prata que Nabucodonosor, seu pai, tirara do templo que estava em Jerusalém, para que neles bebessem o rei e os seus grandes, as suas mulheres e concubinas. Então, trouxeram os utensílios de ouro que foram tirados do templo da casa de Deus que estava em Jerusalém, e beberam neles o rei, os seus grandes as suas mulheres e concubinas. Beberam o vinho, e deram louvores aos deuses de ouro, de prata, de bronze, de ferro, de madeira, e de pedra (vv.2-4).*

Lembre-se, o reino está cercado e o rei está tentando de algum jeito escorar seu reino abalado. Então, em bêbado estupor, ele pede que lhe tragam os utensílios do templo que foram tirados de Jerusalém anos antes. Por que faria isso? Talvez...

- quisesse desafiar Deus;
- quisesse provar que a velha profecia (de Daniel ao avô de Belsazar) sobre a queda da Babilônia era falsa;
- lembrou-se de como Daniel humilhara Nabucodonosor, e pode ter decidido demonstrar sua superioridade.

Qualquer que fosse o motivo, Belsazar, na hora em que deveria estar jejuando em lugar de estar festejando, demonstrou seu total desprezo pelo Deus Altíssimo. Brindou aos seus ídolos em taças feitas para a adoração de Deus.

## Um novo desafio (Daniel 5:5-12)
Com Sua escrita na parede, Deus declarou julgamento — e o rei viu!

> *No mesmo instante, apareceram uns dedos de mão de homem e escreviam, defronte do candeeiro, na caiadura da parede do palácio real; e o rei via os dedos que estavam escrevendo. Então, se mudou o semblante do rei, e os seus pensamentos o turbaram; as juntas dos seus lombos se relaxaram, e os seus joelhos batiam um no outro.*
>
> *O rei ordenou, em voz alta, que se introduzissem os encantadores, os caldeus e os feiticeiros; falou o rei, e disse aos sábios da Babilônia: Qualquer que ler esta escritura e me declarar a sua interpretação será vestido de púrpura, trará uma cadeia de ouro ao pescoço e será o terceiro no meu reino (vv.5-7).*

Belsazar ficou repentinamente sóbrio. Ficou pálido e fraco, e seus joelhos tremiam. Um pouco antes estava bêbado demais para poder ficar em pé. Agora estava amedrontado demais!

E imediatamente ele ofereceu uma recompensa a qualquer um que pudesse interpretar a escrita (v.7). Quando todos os sábios falharam (v.8), "perturbou[-se] muito o rei Belsazar, e mudou-se-lhe o semblante; e os seus grandes estavam sobressaltados" (v.9).

O rei perdeu completamente sua placidez, porque enfrentava uma situação que não podia controlar. A solução viria de um lugar inesperado.

> *A rainha-mãe, por causa do que havia acontecido ao rei e aos seus grandes, entrou na casa do banquete e*

*disse: Ó rei, vive eternamente! Não te turbem os teus pensamentos, nem se mude o teu semblante. Há no teu reino um homem que tem o espírito dos deuses santos; nos dias de teu pai, se achou nele luz, e inteligência, e sabedoria como a sabedoria dos deuses; teu pai, o rei Nabucodonosor, sim, teu pai, ó rei, o constituiu chefe dos magos, dos encantadores, dos caldeus e dos feiticeiros, porquanto espírito excelente, conhecimento e inteligência, interpretação de sonhos, declaração de enigmas e solução de casos difíceis se acharam neste Daniel, a quem o rei pusera o nome de Beltessazar; chame-se, pois, a Daniel, e ele dará a interpretação (vv.10-12).*

## UMA NOVA OPORTUNIDADE (DANIEL 5:13-31)

Daniel, agora homem velho, chegou e foi trazido ao rei (v.13). Que cena! Quando Daniel viu a sala do banquete, com sua idolatria, imoralidade e desafio a Deus, imagine o que passou pelo coração desse homem piedoso que havia procurado viver uma vida de pureza.

Belsazar ofereceu um prêmio a Daniel para interpretar a escritura sobre a parede, mas Daniel não se deixou comprar. O rei disse:

*Tenho ouvido dizer a teu respeito que o espírito dos deuses está em ti, e que em ti se acham luz, inteligência e excelente sabedoria. Acabam de ser introduzidos à minha presença os sábios e os encantadores, para lerem esta escritura e me fazerem saber a sua interpretação; mas não puderam dar a interpretação destas palavras. Eu, porém, tenho ouvido dizer de ti que podes dar interpretações e solucionar casos difíceis; agora, se puderes ler esta escritura e fazer-me saber a sua interpretação, serás vestido de púrpura, terás cadeia de ouro ao pescoço e serás o terceiro no meu reino (vv.14-16).*

Repare como Daniel não demonstrou por este rei o mesmo nível de compaixão que uma vez havia demonstrado por Nabucodonosor. Secamente recusou os presentes do rei e expôs o seu pecado. Havia aconselhado anteriormente com compaixão, mas agora pregava com firmeza e autoridade.

Daniel disse ao rei para guardar seus presentes, e então passou a dar-lhe uma lição de história, que remetia aos dias de Nabucodonosor (vv.18-19), e uma vez mais trouxe à tona o problema que o rei tivera com o orgulho (vv.21-21) — o mesmo problema de Belsazar.

Antes que desse a interpretação, Daniel declarou o juízo de Deus sobre Belsazar e confirmou que seu pecado não era um pecado de ignorância: "não humilhaste o coração, ainda que sabias tudo isto" (v.22). Se não era ignorância, o que era?

- Era arrogância (v.23), vista no espírito desafiador do rei.
- Era blasfêmia (v.23), demonstrada na violação dos utensílios do templo.
- Era idolatria (v.23). Repare no sarcasmo de Daniel ao descrever os ídolos que estavam adorando.
- Era rebelião (v.23), pois o rei recusou-se a permitir que Deus fosse Deus.
- Merecia o julgamento de Deus. A mensagem escrita na parede indicava que o julgamento estava chegando (v.24).

Belsazar falhara ao considerar o poder do Deus Altíssimo e Sua intervenção soberana.

A inscrição na parede foi revelada no versículo 25: "MENE, MENE, TEQUEL e PARSIM."

Daniel deu a interpretação da mensagem nos versículos 26-28:

> *Esta é a interpretação daquilo: MENE: Contou Deus o teu reino e deu cabo dele. TEQUEL: Pesado foste na balança e achado em falta. PERES: Dividido foi o teu reino e dado aos medos e aos persas.*

O julgamento estava chegando. Como poderia não estar? Era um caso clássico de Provérbios 29:1: "O homem que muitas vezes repreendido endurece a cerviz será quebrantado de repente sem que haja cura." Não houve oferta de alívio ou reparação; não houve possibilidade de escape, nenhum meio de evasão, nenhuma tecnicidade — somente as consequências das escolhas tolas.

> *Então, mandou Belsazar que vestissem Daniel de púrpura, e lhe pusessem cadeia de ouro ao pescoço, e proclamassem que passaria a ser o terceiro no governo do seu reino. Naquela mesma noite, foi morto Belsazar, rei dos caldeus. E Dario, o medo, com cerca de sessenta e dois anos, se apoderou do reino (vv.29-31).*

"Naquela mesma noite" tudo aconteceu. Os muros aparentemente impenetráveis da Babilônia foram transpostos pelos exércitos medo-persas, e a cidade caiu. O historiador Xenofonte nos conta que Ugbaru, general de Ciro, conquistou a Babilônia represando as águas do rio que fluíam através do coração da cidade. Depois o exército avançou e a conquistou. Observe, no entanto, que antes que Belsazar fosse morto e seu reino conquistado, ele ordenou que Daniel fosse recompensado e se tornasse o terceiro mais alto governante no reino.

## Aplicação

Belsazar, que foi consumido pelo mesmo orgulho que quase destruiu seu avô, tentou desafiar Deus. Falhou, porém. Aconteceu, então, que foi "pesado [...] na balança e achado em falta", levantando uma questão importante que cada um de nós precisa responder: E eu, como estou? Qual é a minha avaliação — não aos olhos da multidão, mas aos olhos de Deus, o único Auditor?

Jamais devemos esquecer que somos chamados do princípio ao fim para viver diante do único Auditor — não de outras pessoas. Diante de nós a questão é clara. Vivamos de tal maneira que alcancemos os propósitos de Deus para nossas vidas. Vivamos como Daniel o fez, para sermos avaliados somente pelo Senhor.

## UMA VIDA DE DEVOÇÃO (DANIEL 6)

"Qual a sua verdadeira necessidade?", o comercial de TV pergunta enquanto você vem nadando das profundezas do oceano à superfície. De que você mais precisa? De repelentes de tubarão? De nadadeiras de peixe? De força muscular? De respostas? *Oxigênio* é o que você mais precisa. É o único desses itens todos, sem o qual você não pode sobreviver.

Sem o que você é incapaz de viver? Daniel enfrentará essa crítica questão logo em seguida.

O ano é aproximadamente 538 a.C., e Daniel, tendo passado quase toda sua vida no cativeiro, é um velho homem servindo sob seu terceiro governante, Dario — o Medo.

Na abertura do capítulo 6, Dario estabeleceu seu governo na Babilônia. Daniel foi constituído um dos três governantes do rei sobre todo o reino (vv.1-2). Como resultado da fragilidade de um reino dividido (Ciro da Pérsia; Dario da Média), e duplas burocracias, tudo nesse novo reino era complexo.

Quando Dario decidiu elevar Daniel e colocá-lo responsável por todo o reino (v.3), Daniel encontrou-se novamente sob observação.

## O problema da inveja (Daniel 6:4-9)

*Então, os presidentes e os sátrapas procuravam ocasião para acusar a Daniel a respeito do reino; mas não puderam achá-la, nem culpa alguma; porque ele era fiel, e não se achava nele nenhum erro nem culpa. Disseram, pois, estes homens: Nunca acharemos ocasião alguma para acusar este Daniel, se não a procurarmos contra ele na lei do seu Deus. Então, estes presidentes e sátrapas foram juntos ao rei e lhe disseram: Ó rei Dario, vive para sempre! Todos os presidentes do reino, os prefeitos e sátrapas, conselheiros e governadores concordaram em que o rei estabeleça um decreto e faça firme o interdito que todo homem que, por espaço de trinta dias, fizer petição a qualquer deus ou a qualquer homem e não a ti, ó rei, seja lançado na cova dos leões. Agora, pois, ó rei, sanciona o interdito e assina a escritura, para que não seja mudada, segundo a lei dos medos e dos persas, que se não pode revogar. Por esta causa, o rei Dario assinou a escritura e o interdito.*

Esses oficiais de categoria inferior desprezavam o fato de Daniel ter autoridade sobre eles — e queriam que fosse removido. O orgulho é competitivo, e a inveja é o resultado do orgulho ferido. C. S. Lewis escreveu:

O orgulho é essencialmente competitivo... O orgulho não tem prazer em possuir algo, mas em ter mais do que o próximo. Dizemos que as pessoas têm orgulho sendo ricas, inteligentes ou bonitas, mas não é verdade. Elas têm orgulho por serem mais ricas, mais inteligentes ou mais bonitas que as outras (*Mero Cristianismo,* © 1997 Editora Quadrante).

Estes homens orgulhosos sentiam-se feridos pela ascensão de um homem de integridade — e queriam destruí-lo por isso.

Como iriam atacar? Procuraram motivos para acusá-lo, mas não puderam encontrar deslize algum nele. Por quê? Porque "ele era fiel" (v.4). Esse é um testemunho e tanto — especialmente vindo de seus inimigos. Apesar de viver em um ambiente que era uma fossa moral, Daniel havia permanecido puro.

Atacar alguém de caráter impecável é um problema, Daniel então foi atacado em seu único ponto fraco, na percepção deles — sua devoção a Deus. Que testemunho! A única maneira de atacar Daniel era atacando seu relacionamento com Deus.

Os oficiais conspiraram entre si e uniram-se em uma petição a Dario (vv.6-7), usando o engano para jogar com o orgulho dele. Pediram-lhe para criar uma lei que tornaria ilegal fazer petição durante os 30 dias seguintes a qualquer deus ou homem — com exceção do próprio Dario. E, visto que Dario estava em situação inferiorizada a Ciro o Persa, esse decreto o elevava à posição de um deus e realçava o seu senso de poder que fora restringido por Ciro.

Veja a penalidade pela violação deste decreto: ser "lançado na cova dos leões" (v.7). A inveja dos oficiais não conhecia limites. Eles queriam Daniel morto.

Dario ratificou o decreto deles (v.9), e sendo "a lei dos medos e dos persas", não poderia ser revogado. O que explica por que o decreto era limitado em 30 dias. Depois que Daniel estivesse morto, eles poderiam voltar às suas vidas normais.

Dario, aparentemente, era um bom homem, mas, como todos nós, tinha suas fraquezas. No calor do momento, com seu ego afagado, tomou uma decisão imprudente, e aprovou a lei desses homens, que bania a oração.

## O PODER DO TESTEMUNHO (DANIEL 6:10-11)

Daniel era tão devotado a Deus, que obedecer a Ele era mais importante do que obedecer às leis injustas. Este fato ilustra o princípio bíblico de desobediência obediente, de acordo com o qual devemos escolher entre obedecer à Palavra de Deus ou ao homem. Vemos este princípio praticado pelos apóstolos, no Novo Testamento, quando foram ordenados a parar de pregar. Eles disseram, "Antes importa obedecer a Deus do que aos homens" (Atos 5:29).

*Daniel, pois, quando soube que a escritura estava assinada, entrou em sua casa, e, em cima, no seu quarto, onde havia janelas abertas da banda de Jerusalém, três vezes no dia, se punha de joelhos, e orava, e dava graças, diante do seu Deus, como costumava fazer" (v.10).*

Daniel desobedeceu à lei injusta, orando. Este é o segredo de uma vida pura em meio a um ambiente impuro. Ele continuou com suas tarefas costumeiras, não interessado em mudar, nem mesmo em parecer que mudava, para satisfazer a multidão.

*Então, aqueles homens foram juntos, e, tendo achado a Daniel a orar e a suplicar, diante do seu Deus (v.11).*

Daniel quebrou a lei porque esta violava a lei de Deus — e foi apanhado. O medo de ser apanhado, porém, não o deteve. Daniel estava disposto a aceitar as consequências de sua obediência a Deus. Uma lição difícil, mas vital: tenha duas coisas em mente:
- Devemos estar dispostos a aceitar as consequências por praticarmos o que é correto. O apóstolo Pedro disse: "Mas, ainda que venhais a sofrer por causa da justiça, bem-aventurado sois" (1 Pedro 3:14).
- Deus permanece no controle, mesmo quando a vida nos leva injustamente para a notória cova dos leões.

Daniel fora apanhado orando a Deus, e sofreria por amor à justiça, mas estava preparado para glorificar Deus.

## A PAZ DE DEUS (DANIEL 6:12-17)

*Se apresentaram ao rei, e, a respeito do interdito real, lhe disseram: Não assinaste um interdito que, por espaço de trinta dias, todo homem que fizesse petição a qualquer deus ou a qualquer homem e não a ti, ó rei, fosse lançado na cova dos leões? Respondeu o rei e disse: Esta palavra é certa, segundo a lei dos medos e dos persas, que se não pode revogar. Então, responderam e disseram ao rei: Esse Daniel, que é dos exilados de Judá, não faz caso de ti, ó rei, nem do interdito que assinaste; antes três vezes por dia, faz a sua oração" (vv.12-13).*

Esses homens eram muito ardilosos. Primeiro lembraram Dario de seu decreto irrevogável, para lançar seu ataque com uma acusação que era um misto de verdade e calúnia. Daniel não havia desconsiderado o rei, mas recusara-se a desconsiderar o seu Deus.

*Tendo o rei ouvidos estas cousas, ficou muito penalizado, e determinou consigo mesmo livrar a Daniel; e, até ao pôr-do-sol, se empenhou por salvá-lo. Então, aqueles homens foram juntos ao rei e lhe disseram: Sabe, ó rei, que é lei dos medos e dos persas que nenhum interdito ou decreto que o rei sancione se pode mudar (vv.14-15).*

A resposta de Dario mostra que ele finalmente entendeu o que estava acontecendo, pois ficou "muito penalizado". Ele havia falhado em seu julgamento, e estava entristecido. Parece que não era com Daniel ou com o comportamento dele que estava entristecido, mas com o seu próprio orgulho.

Dario procurou libertar Daniel porque não queria que ele sofresse as consequências do tolo decreto (v.14). Procurou por uma brecha na lei, mas não a encontrou. Ele entendeu o impacto de suas ações e viu que era tarde demais. Na realidade, Dario foi pego na armadilha de sua própria lei (v.15). Não havia escape algum — Daniel tinha que ser executado.

*Então, o rei ordenou que trouxessem a Daniel e o lançassem na cova dos leões. Disse o rei a Daniel: O teu Deus, a quem tu continuamente serves, que ele te livre. Foi trazida uma pedra e posta sobre a boca da cova; selou-a o rei com seu próprio anel e com o dos seus grandes, para que nada se mudasse a respeito de Daniel (vv.16-17).*

Sendo considerado culpado de servir a Deus continuamente (v.16), Daniel foi lançado na cova dos leões. Esses leões estavam ali com o propósito de torturar os prisioneiros. Eles normalmente estavam famintos, e eram maltratados e provocados, para rasgar um homem em pedaços.

Em desespero, Dario tentou oferecer algum consolo a Daniel na hora de sua execução (v.16). A cova foi então coberta com uma pedra, e selada (v.17).

Você já se perguntou o que teria acontecido dentro da cova assim que a pedra tinha sido selada? Um estudioso da Bíblia sugere que Daniel escorregou para o chão da caverna e foi abordado por leões — que nada fizeram senão deitar-se ao redor dele para proporcionar-lhe calor e conforto para a noite fria que estava pela frente!

## A PROTEÇÃO DE DEUS (DANIEL 6:18-23)

Enquanto Daniel dormia tranquilamente com os leões, Dario passou uma noite muito diferente, o que demonstra a diferença entre uma consciência limpa (de Daniel) e um coração cheio de culpa (de Dario).

> *Então, o rei se dirigiu para o seu palácio, passou a noite em jejum e não deixou trazer à sua presença instrumento de música; e fugiu dele o sono (v.18).*

Preocupação, culpa, falta de sono, falta de apetite — eram todos efeitos do fracasso de Dario em discernir a conspiração perversa de seus oficiais. Então o rei se levantou e foi à cova dos leões.

> *Chegando-se ele à cova, chamou por Daniel com voz triste; disse o rei a Daniel: Daniel, servo do Deus vivo! Dar-se-ia o caso que o teu Deus, a quem tu continuamente serves, tenha podido livrar-te dos leões? Então, Daniel falou ao rei: Ó rei, vive eternamente! O meu Deus enviou o seu anjo e fechou a boca aos leões, para que não me fizessem dano, porque foi achada em mim inocência diante dele; também contra ti, ó rei, não*

*cometi delito algum. Então, o rei se alegrou sobremaneira e mandou tirar a Daniel da cova; assim foi tirado Daniel da cova, e nenhum dano se achou nele, porque crera no seu Deus (vv.20-23).*

Depois de uma noite sem dormir, Dario foi ver o que havia acontecido. Ele estava patético chamando para dentro da cova onde não era possível haver alguma pessoa viva. Até mesmo nas palavras de Dario podemos ver o profundo impacto da vida de Daniel sobre ele: "...dar-se-ia o caso que o teu Deus, a quem tu continuamente serves, tenha podido livrar-te dos leões?" É admirável que Dario tenha considerado a possibilidade de Deus haver protegido Daniel dos leões. Então, lá da escuridão, veio a resposta calma e confiante de Daniel, dizendo que Deus, de fato, o havia protegido.

Daniel não fora ferido, "porque crera no seu Deus" (Daniel 6:23). Em Hebreus 11:33 diz também que a fé do profeta Daniel *fechou a boca dos leões*. Naturalmente, como Hebreus 11:35-40 indica, não é sempre a vontade de Deus livrar Seus filhos. Na igreja primitiva, incontáveis milhares de mártires foram dados como alimento aos leões e conduzidos à eternidade. Entretanto, quer Deus livre ou não em uma situação específica, Sua habilidade de livrar nunca diminui. Ele é sempre capaz.

## DECRETOS DE DARIO (DANIEL 6:24-28)

*Ordenou o rei, e foram trazidos aqueles homens que tinham acusado a Daniel, e foram lançados na cova dos leões, eles, seus filhos e suas mulheres; e ainda não tinham chegado ao fundo da cova, e já os leões se apoderaram deles, e lhes esmigalharam todos os ossos (v.24).*

Assim como Hamã, no livro de Ester, foi pendurado em sua própria forca, assim os acusadores foram atirados na cova dos leões, onde encontraram o destino que haviam planejado para Daniel.

*Então, o rei Dario escreveu aos povos, nações e homens de todas as línguas que habitam em toda a terra: Paz vos seja multiplicada! Faço um decreto pelo qual em todo o domínio do meu reino, os homens tremam e temam perante o Deus de Daniel; porque ele é o Deus vivo e que permanece para sempre; o seu reino não será destruído, e o seu domínio não terá fim. Ele livra, e salva, e faz sinais e maravilhas no céu e na terra; foi ele quem livrou Daniel do poder dos leões (vv.25-27).*

Esta é uma declaração de fé muito mais forte do que a que Nabucodonosor fez (Daniel 4:34-35,37).

A história termina com o reconhecimento da prosperidade de Daniel:

*Daniel, pois, prosperou no reinado de Dario e no reinado de Ciro, o persa (v.28).*

Daniel foi a personificação do homem do Salmo 1:3: "Ele é como a árvore plantada junto a correntes de águas, que, no devido tempo, dá o seu fruto, e cuja folhagem não murcha; e tudo quanto ele faz, será bem sucedido." Deus havia realmente abençoado Daniel.

## APLICAÇÃO

Quando lemos a história, centenas de anos mais tarde, sabemos qual foi o final — mas Daniel não sabia. Ele conhecia a capacidade de Deus, mas não o Seu plano. Sabia apenas que desejava viver para honrar o seu Deus. Ele precisava tomar a decisão de obedecer a Deus, ao invés de submeter-se ao mais poderoso governo de seus dias.

Daniel sabia, também, que não poderia sobreviver sem declarar seu amor para Deus. Foi dito que a Palavra de Deus é o leite, comida, e pão da vida. A oração, porém, é a sua respiração. Você pode viver por um longo período de tempo sem alimento, mas não pode sobreviver mais que alguns minutos sem respirar. Tal é a importância da oração. Será que damos essa prioridade à oração em nossas vidas? Este é o principal item que deve ser cultivado na vida espiritual em meio a uma cultura secular.

## A NECESSIDADE DO MOMENTO PRESENTE

O PREGADOR E. M. BOUNDS escreveu, "A igreja está procurando métodos melhores; Deus está procurando homens melhores" (*Power Through Prayer*, p.9 [Poder Através da Oração]).

O drama que se descortina em Daniel grita a mesma mensagem para nós. Estamos vivendo em um mundo semelhante ao da Babilônia, cercados por uma cultura que muda e que se deteriora constantemente. Entretanto, é para essa espécie de mundo que somos chamados a ser o Daniel de nossa própria geração. Podemos nos amoldar à nossa cultura ou, como Daniel, podemos usar as trevas como oportunidade para refletir a luz do nosso Deus.

A escolha é nossa. Como iremos nós, como homens e mulheres de Deus, servi-lo em nossa geração? A graciosa coragem que Daniel teve em viver sua vida para honrar a Deus é exemplo e legado maravilhoso para nós.

É possível, entretanto, que você ainda não tenha começado a viver no espírito do Deus de Daniel. Se for verdade, você pode encontrar-se com o Salvador nas páginas do Novo Testamento. De acordo com os escritores dos Evangelhos, o Deus de Daniel veio até nós na pessoa de Seu Filho. Após três anos de vida pública, Jesus morreu, voluntariamente, executado em uma cruz para pagar por nossos pecados. Três dias depois, Ele ressurgiu dos mortos e oferece agora o dom gratuito do perdão a todos os que reconhecem sua desesperança, e confiam nele e em Sua dádiva. Se você confia neste Cristo, mas nunca abriu pessoalmente seu coração a Ele, receba a promessa do apóstolo João, que escreveu:

*Mas, a todos quantos o receberam, deu-lhes o poder de serem feitos filhos de Deus, a saber, aos que creem no seu nome (João 1:12).*

# 7

# SIMÃO PEDRO

## UMA PEDRA MOVIDA POR DEUS

## QUANDO A TERRA TREME

Em meados de 1980, mudamos com nossa pequena família para Los Angeles para que eu pudesse pastorear uma igreja lá. Poucos meses após nossa chegada à Costa Oeste, subitamente nos deparamos em meio ao terremoto Whitter de 1987.

Onde se esconder quando a terra treme? Onde procurar cobertura quando a terra firme não está mais firme? Esta foi uma das experiências mais inquietantes da minha vida.

Terremotos vêm de repente e sem aviso. E são uma imagem do tipo de instabilidade que pode mexer com as nossas vidas. Além disso, nos forçam a admitir que somos frágeis e inadequados. Forçam-nos ver coisas a nosso respeito que provalmente preferíssemos não saber.

Tendo passado por um terremoto e seu impacto emocional, lembrei de um homem na Bíblia, cuja vida foi profundamente afetada por uma série de momentos inesperados e eventos que o abalaram profundamente. Seu nome era Simão, filho de João — que mais tarde se tornou conhecido como Pedro.

A história de Pedro pode ser contada em torno de momentos parecidos com um terremoto, que o abalaram em sua confiança e profunda convicção, causando emoções como o medo e indecisão. Como consequência, podemos visualizar sua vida comparando-a com um gráfico sísmico que mostra tempos de estabilidade relativa, marcadas por terremotos ocasionais e tremores que ajudaram a definir sua vida e levá-lo a um conhecimento profundo de sua necessidade espiritual.

## O HOMEM E O MESSIAS

A JORNADA ESPIRITUAL DE PEDRO começou, ou pelo menos mudou drasticamente, quando ele foi apresentado ao tão aguardado Messias de Israel.

João Batista pregava sua mensagem de arrependimento e tinha juntado seguidores. Porém, ele começou a desviar o foco de si próprio para Jesus de Nazaré. Ele queria tornar claro que Jesus, não ele, era o Messias prometido de Israel. Um dos seguidores de João, um pescador galileu chamado André, deixou João Batista para seguir Jesus, e em seguida trouxe seu irmão Simão para conhecer o professor que ele acreditava ser o Messias.

*Era André, irmão de Simão Pedro, um dos dois que tinham ouvido o testemunho de João e seguido Jesus. Ele achou primeiro o seu próprio irmão, Simão, a quem disse: Achamos o Messias (que quer dizer Cristo), e o levou a Jesus. Olhando Jesus para ele, disse: Tu és Simão, o filho de João; tu serás chamado Cefas [que quer dizer Pedro] (João 1:40-42).*

Cefas em aramaico é o mesmo que o nome grego *Petros*, que literalmente significa "pedra" ou "rocha". Naquele momento, Jesus fez mais do que dar um apelido a Simão. Ele mudou seu nome sabendo antecipadamente o que faria com Pedro.

Uma pedra ou rocha é uma representação de estabilidade, mas o nome que Jesus deu a Simão parece contradizer não somente sua personalidade, mas alguns dos eventos da vida de Pedro nos três anos seguintes. Comparando Pedro com fogos de artifício, um escritor disse que Pedro não era como uma faísca ou uma bomba de fumaça — ele era como um foguete com o estopim defeituoso. Ele era muito rude, sincero demais e sem a qualificação necessária.

Entretanto, Jesus o chamou. Simão não era um homem do tipo que se infiltraria silenciosamente entre os seguidores de Jesus. Ele era do tipo que se envolvia. Embora grosseiro, indisciplinado e sem instrução, ele se tornaria o porta-voz de um grupo que colocaria o mundo de cabeça para baixo.

Todavia, Pedro pode ser o discípulo com o qual podemos nos relacionar mais facilmente. As Escrituras transformam a vida dele em um livro aberto, descrevendo não somente suas forças e sucessos, mas também suas fraquezas inesperadas que o abalavam interiormente. Vamos ver quatro desses momentos específicos.

## ABALADO PELO PODER DE CRISTO

Em Lucas 5 encontramos Pedro tão movido pelo encontro com Jesus que isto o levou a uma mudança sísmica em seu pensar.

### Um chamado para o envolvimento de Pedro

*Aconteceu que, ao apertando-o a multidão para ouvir a palavra de Deus, estava ele junto ao lago de Genesaré; e viu dois barcos junto à praia do lago; mas os pescadores, havendo desembarcado, lavam as redes. Entrando em um dos barcos, que era o de Simão, pediu-lhe que o afastasse um pouco da praia; e, assentando-se, ensinava do barco as multidões (Lucas 5:1-3).*

O cenário é o "Lago de Genesaré" (o Mar da Galileia). A multidão se juntava para ouvir Jesus ensinar, e um pequeno grupo de pescadores também ali estava limpando suas redes após uma longa noite de pescaria.

Hoje as pessoas pescam para relaxar e por esporte, mas para os galileus do primeiro século, pescar era um modo de sobrevivência. Exigia toda a força que tinham quando remavam, lançavam e puxavam as redes. Nesta ocasião os barcos e as redes haviam permanecido vazios durante toda noite. Neste cenário, Jesus concentrou Sua atenção em um dos barcos e seu proprietário — Simão.

Como já vimos, este não foi o primeiro contato do Mestre com Pedro (Mateus 4:18-20; Marcos 1:16-20; João 1:40-42). Antes disso, Pedro se tornou um seguidor eleito de Jesus. Porém agora, o Messias estava reivindicando tudo o que Pedro era — e Ele começou usando o pouco que Pedro tinha.

Jesus assentou-se para ensinar, usando o barco de Simão como púlpito — e para Simão, o que estava para acontecer iria agitar tanto seu mundo que Lucas mais tarde registraria. "Vendo isto, Simão Pedro prostou-se aos pés de Jesus, dizendo: "Senhor, retira-te de mim, porque sou pecador" (Lucas 5:8).

O que aconteceu para que Pedro chegasse a este ponto? Os eventos que conduziram àquele momento, merecem nossa total atenção.

## Um indício da identidade de Jesus

*Quando acabou de falar, disse a Simão: Faze-te ao largo, e lançai as vossas redes para pescar. Respondeu-lhe Simão: Mestre, havendo trabalhado toda a noite, nada apanhamos, mas sob a tua palavra, lançarei as redes.*

*Isto fazendo, apanharam grande quantidade de peixes, e rompiam-se-lhes as redes. Então, fizeram sinais aos companheiros do outro barco, para que fossem ajudá-los. E foram e encheram ambos os barcos, a ponto de quase irem a pique (Lucas 5:4-7).*

Jesus terminou Seus ensinamentos, e virou-se para Simão — que naquele momento era uma audiência cativa. Sua instrução para Simão "lançai as vossas redes para pescar" foi mais uma ordem do que uma sugestão, e foi contrário a tudo que Simão conhecia sobre pescaria. No Mar da Galileia, a pescaria era feita à noite, próximo à praia — não durante o dia na parte mais profunda. Assim é compreensível que Simão respondesse com o argumento: "Mestre, havendo trabalhado toda a noite, nada apanhamos". Apesar de Pedro não ter tido sucesso naquele dia, ele certamente entendia de pescaria. Parecia injusto que Jesus esperasse tal ação de sua parte após uma longa e frustada noite. Porém Jesus tinha seu barco, e agora Ele queria as redes de Simão — e sua vontade.

Conta-se uma história sobre o duque de Wellington, o grande comandante britânico que derrotou as tropas de Napoleão na Batalha de Waterloo durante a Guerra dos Cem Dias em 1815. Certa vez, deu uma ordem a um de seus generais, o qual respondeu que tal comando era impossível de ser executado. O duque disse-lhe, "Vá adiante e faça, porque eu não dou ordens impossíveis." Jesus também não dá ordens impossíveis — uma verdade que Pedro descobriu quando finalmente obedeceu.

Este foi um passo importante no crescimento de Pedro. Parece que ele inicialmente questionou a ordem de Cristo quando disse: "Mestre, havendo trabalhado toda a noite, nada apanhamos" porém o texto diz, "mas sob a tua palavra lançarei as redes". Ele fez conforme lhe foi dito, embora toda sua habilidade profissional lhe dissesse que seria uma verdadeira perda de tempo. Observe que ele chamou Jesus de "Mestre". Ele não o chamou de "Rabbi" ou "Professor". Ele usou a palavra grega *epistates*, que neste texto pode ser traduzida como "Capitão do Barco". Pedro sabia quem estava no comando, assim ele respondeu à palavra de Cristo e obedeceu — embora não compreendesse como isso faria a diferença.

Qual foi o resultado? Embora parecesse totalmente impossível, muitos peixes foram apanhados — na hora errada e de forma errada. E Pedro encontrou-se na presença de alguém que poderia fazer o impossível.

Um escritor viu neste evento uma comparação clara para a grande doxologia do apóstolo Paulo em Efésios 3:20, que diz, "Ora, àquele que é poderoso para fazer infinitamente mais do que tudo quanto pedimos ou pensamos..." Pedro deparou-se num barco com aquele que estava fazendo justamente isso:

- *Poderoso para fazer* — "apanharam grande quantidade de peixe";
- *Infinitamente* — "e rompiam-se-lhes as redes";
- *Do que tudo quanto pedimos ou pensamos* — "E foram e encheram ambos os barcos, a ponto de quase irem a pique."

## UMA CONSCIÊNCIA DA FRAGILIDADE PESSOAL

*Vendo isto, Simão Pedro prostou-se aos pés de Jesus, dizendo: Senhor, retira-te de mim, porque sou pecador. Pois, à vista da pesca que fizeram, a admiração se apoderou dele e de todos os seus companheiros*
*(Lucas 5:8-9).*

A reação imediata de Simão não foi sobre todo o peixe que havia apanhado, mas sobre aquele que havia realizado tal proeza. Ele compreendeu que estava na presença do Criador. Certamente o Cristo que ordenou a existência do universo não teve problema em apanhar alguns peixes para demonstrar Sua majestade a este pobre e confuso pescador. Assim Pedro reconheceu que estava na presença de Deus, e estava "espantado" porque o que acontecera estava além da razão, descrição ou explicação. Somente Deus poderia ter feito tal coisa.

Jesus revelou-se como profundo conhecedor do assunto em que Simão era o maior perito, o mais capaz e o mais qualificado. A compreensão de quem Jesus era, exigiu de Simão uma reação mais adequada:

*Senhor, retira-te de mim, porque sou pecador!*

Ao chamar Jesus de "Senhor", não só de professor, rabi, ou mestre, Simão estava anunciando a sua crença de que estava face a face com a divindade. Ele viu:

- A diferença incompreensível entre o Deus santo e o homem pecador.
- O pesado fardo do pecado que pesa na alma.
- A necessidade do arrependimento para que sua própria condição do pecador pudesse ser corrigida.

Um comentarista escreveu que era como se Simão estivesse dizendo, "Eu não sou digno disto, Senhor. Desiste de mim. Eu falhei contigo quando me chamaste, e falharei contigo novamente. Chama alguém que valha a pena o sacrifício. Chama alguém em quem possas confiar. Tu disseste uma vez que eu seria chamado de Rocha — porém não existe rocha em mim. Desiste de mim. Eu sou um homem pecador."

O Bispo J. C. Ryle escreveu sobre esta passagem:

> As palavras de Pedro expressam exatamente o primeiro sentimento do homem quando ele é encaminhado a algo real como um contato próximo com Deus. A visão da grandeza divina e Sua santidade o fez sentir fortemente sua própria insignificância e pecaminosidade. Como Adão após a queda, seu primeiro pensamento foi esconder-se. Como Israel no Sinai, a linguagem do seu coração é: "...não fale Deus conosco, para que não morramos."

Porém, o amor de Cristo não o deixaria ir. Ele estava preparado para fazer qualquer coisa para transformar Simão numa rocha.

## UM CONVITE PARA UMA VIDA CHEIA DE SIGNIFICADO

*...Disse Jesus a Simão: Não temas; doravante serás pescador de homens. E, arrastando eles os barcos sobre a praia, deixando tudo, o seguiram (Lucas 5:10-11).*

Jesus convidou Simão para uma aventura de fé que iria transformar sua vida radicalmente, dando-lhe:

### Uma nova atitude

*"Não temas."* G. Campbell Morgan escreveu, "Oh, que música infinita. Ele primeiramente disse, 'Não temas'. Ele falou estas palavras àquele homem — aquele homem natural, de alma cheia de grande emoção; o homem que não parecia ter força para chegar a lugar algum; e Ele lhe disse, consciente do fracasso de Pedro."

### Um novo dia

*"doravante..."* Isto quebra o passado e transforma tudo. O fracasso do passado é substituído por um futuro novo.

### Um novo propósito

*"...serás pescador de homens"*. Em outras palavras, Pedro iria pescar homens. Assim como Deus havia chamado Davi e Moisés para deixarem o que estavam fazendo para pastorear Seu povo, Ele agora chamou Simão para deixar suas redes e pescar homens.

### Uma nova vida

*"...deixando tudo, o seguiram"*. Esta é uma expressão de compromisso radical. Para Simão, tudo estava se tornando novo. No entanto, a extensão da transformação que Jesus previu para Pedro não aconteceria de um dia para o outro. O homem ao qual Ele chamara "a rocha" seria formado lentamente.

A jornada de Pedro havia começado. Ele tinha sido tocado pelo poder de Cristo, e sentira sua fragilidade. Pedro compreendeu sua necessidade por alguém muito maior que ele, pois havia encontrado aquele a quem futuras gerações cantariam:

*Em Tua santa lei,*
*Senhor, vem-me instruir;*
*E Teu tão grande amor,*
*Almejo então sentir.*
(H.A. 394 — *De Ti Careço, ó Deus*).

## ABALADO PELA DISTRAÇÃO

Eu realmente gosto de jogar golfe. É um jogo simples, porém longe de ser fácil. O que o torna tão desafiante é que não se pode jogá-lo sem estratégias. Requer de você cada milímetro de concentração e autodisciplina — se você for jogar bem.

Os instrutores de golfe afirmam, "Cada vez que você arremessa o taco de golfe, há milhares de coisas que podem dar errado e somente uma que pode dar certo." Somente vendo e executando o contato correto do taco e bola você pode evitar o puxão, o empurrão, as viradas muito à direita ou à esquerda ou pancadas indesejadas. Somente com a atenção concentrada no objeto a ser impelido, no contato, e no seguimento, você pode colocar a bola onde você quer que ela vá.

É isso que acontece em nosso próximo encontro com Simão Pedro. À medida que ele lentamente aprendesse seguir a Cristo, descobriria o que significava ser abalado pela distração.

Mateus nos deu os detalhes no capítulo 14. Jesus e Seus homens estavam engajados num longo e exaustivo dia de ministério. Ao se aproximar a noite, Cristo fez saber aos Seus discípulos que precisava de um tempo a sós.

Enquanto Jesus usava os momentos de solidão para ter comunhão íntima com Seu Pai, Seus homens começaram a cruzar o Mar da Galileia de barco. E, outro evento assombroso aconteceu.

### Vendo Jesus

*Na quarta vigília da noite, foi Jesus ter com eles, andando por sobre o mar. E os discípulos, ao verem-no andando sobre as águas, ficaram aterrados e exclamaram:*

*É um fantasma! E, tomados de medo, gritaram. Mas Jesus imediatamente lhes disse: Tende bom ânimo! Sou eu. Não temais! (Mateus 14:25-27).*

Os discípulos ficaram apavorados pela aparência ofuscante de alguém sobre as águas e começaram a gritar. Com certeza ficaram perturbados vendo algo tão esquisito, e provavelmente temeram por sua própria segurança e bem-estar.

Devemos nos lembrar que esta seria uma visão extraordinária para qualquer pessoa testemunhar. Mas eles não eram somente pessoas comuns que saíram para um passeio de barco. Muitos deles eram pescadores profissionais que haviam passado suas vidas adultas no Mar da Galileia. Embora eles talvez fossem homens sem instrução, eles conheciam o mar, e sabiam que as pessoas são incapazes de andar sobre a água. Não é possível — é impossível.

Mesmo assim Jesus chamou-os de dentro do nevoeiro e assegurou-lhes que não precisavam temer. Nesse momento, Pedro agiu como sempre. Impulsivamente ele aceitou as palavras tranquilizadoras de Jesus não apenas literalmente, mas ao extremo. Ele queria que Jesus soubesse que ele queria sentir pessoalmente a experiência de andar sobre as águas.

## ANDANDO PELA FÉ

*Respondendo-lhe Pedro, disse: Se és tu, Senhor, manda-me ir ter contigo, por sobre as águas. E ele disse: Vem! E Pedro, descendo do barco, andou por sobre as águas e foi ter com Jesus (Mateus 14:28-29).*

Aqui, vemos a essência de Pedro — andando corajosamente; fé audaciosa em Jesus; esquecendo-se de si mesmo; aos cuidados de Cristo. Embora tenhamos lido ou ouvido esta história milhares de vezes, e sabendo que Pedro afundará como uma pedra, não podemos permitir que esse fato esconda a surpreendente realidade do momento. "Andou por sobre as águas e foi ter com Jesus." Este é Pedro — em seu melhor momento — confiando absolutamente em Cristo, e agindo com base nessa confiança.

Lembre, este era um pescador profissional que passou sua vida inteira trabalhando no Mar da Galileia. Mesmo confiando na capacidade do Mestre, Pedro fez o que nenhum outro pescador seria tolo em aventurar-se: Ele desceu do barco e caminhou na superfície da água do mar da Galileia em direção a Cristo.

Com Moisés, Deus abriu um caminho através do Mar Vermelho. Com Josué, Deus abriu um caminho através do Rio Jordão. Porém, tão extraordinários quanto foram aqueles eventos, este foi maior. Pedro não atravessou *através* das águas — ele andou *sobre* as águas.

Penso que nenhum de nós tentaria achar que Pedro de alguma forma tivesse o dom de andar sobre as águas ou que ele fosse de alguma forma mais espiritual do que os outros discípulos que ficaram no barco. Longe disso. Neste momento de fé, Pedro estava caminhando sobre as águas porque ele se entregara inteiramente ao Criador e Seu poder. O poder do Criador sobre Sua criação motivou Pedro, um verdadeiro homem comum da Bíblia, a fazer uma das coisas mais sobrenaturais nas páginas da Escritura. Pedro andou sobre as águas — até que se questionou se deveria fazê-lo em meio a uma tempestade.

## Distraído pela tempestade

*Reparando, porém, na força do vento, teve medo; e, começando a submergir, gritou: Salva-me, Senhor!*

*E, prontamente, Jesus, estendendo a mão, tomou-o e lhe disse: Homem de pequena fé, por que duvidaste? (Mateus 14:30-31).*

Pedro foi repentinamente abalado pela compreensão de que ele estava caminhando sobre a água *no meio de uma tempestade*. Ele distraiu-se e parou de olhar para o seu Senhor.

Eu mencionei anteriormente que gosto de jogar golfe. Manter o olho na bola é fundamental no esporte, assim manter nossos olhos em Cristo e permanecer atento nele é um princípio fundamental para segui-lo. Nada é mais importante do que usar nossa Bíblia, nossas orações e até nossos temores para conservar nossos olhos nele.

Como neste mundo existem inúmeras ocorrências que podem nos desviar do Senhor, precisamos continuamente escolher se iremos permitir que distrações nos seduzam, e nos afastem daquilo que é mais importante.

Algumas distrações que todos enfrentamos são:
- ***Medo*** — a emoção que sentimos quando percebemos que a vida, de repente, está fora do nosso controle, ao invés de confiarmos que a vida está sob o controle de Deus.
- ***Desespero*** — o sentido interior de perda que nos faz desanimar e perder a esperança, porque as circunstâncias obscurecem nossa visão dos propósitos de Deus.
- ***Desapontamento*** — as feridas da alma que resultam do fato de colocarmos nossa confiança em pessoas que nos falham.
- ***Estresse*** — a pressão que invade nossas vidas quando tentamos viver com nossas próprias forças.

Diante de tais desafios, devemos ser pessoas com propósitos definidos — pessoas que veem além das distrações que nos envolvem, para sermos capacitados a correr a carreira da vida...

*Olhando firmemente para o Autor e Consumador da fé, Jesus, o qual, em troca da alegria que lhe estava proposta, suportou a cruz, não fazendo caso da ignomínia, e está assentado à destra do trono de Deus (Hebreus 12:2).*

Em sua breve façanha de andar sobre as águas Pedro sucumbiu por uma razão bem humana e compreensível. Ele falhou em manter sua atenção no Salvador, porque estava distraído pela sua circunstância. Por conseguinte, seu desespero, e seu pedido de socorro, tornam-se uma proveitosa advertência para nós.

## ABALADO PELA REPREENSÃO DE JESUS

Quando lecionei por alguns anos num instituto bíblico, eu gostava de aplicar testes. Sei que isto pode parecer cruel, porém as provas me permitiam, como professor, ver se todos os alunos estavam no caminho para completar o curso com sucesso, e se mais tarde, usariam adequadamente o que aprenderam.

Entretanto, nem todos os testes são aplicados em salas de aula. A vida nos testa, frequentemente, com circunstâncias que nos empurram ou nos levam até os nossos limites. Quando isto acontece, vencemos os testes ou retrocedemos a velhos hábitos e derrotas? O padrão de quedas após atingir o sucesso na vida é até esperado. É assim em nossas vidas, e também o era na vida de Pedro.

Mateus 16 nos dá uma descrição de como Pedro experimentou uma derrota que abalou sua vida, logo após um momento de intenso discernimento. Em um momento, Pedro foi calorosamente aprovado por Jesus e em seguida recebeu uma repreensão humilhante vinda do Mestre. No processo, o impulsivo discípulo de Jesus ajuda-nos a ver quão rapidamente nossa fuga emocional pode mudar nosso pensar — revelando mais uma vez porque é tão importante permanecermos com os pensamentos em nosso Senhor.

Vamos olhar juntos os acontecimentos que nos conduzem para outro momento que deve ter agitado Pedro interiormente.

### O MOMENTO DE DISCERNIMENTO DE PEDRO

Em Mateus 16:13, Jesus tinha acabado de confrontar os líderes religiosos de Israel e viajado em direção ao norte, com Seus discípulos, até ao pé do Monte Hermon na região de Cesareia de Felipe, um posto avançado usado como refúgio pelas tropas romanas. Foi na base rochosa dessa montanha que os romanos construíram templos e altares para o panteão dos seus deuses.

Parece que Jesus trouxe Seus discípulos a este lugar fora do caminho, cheio de marcos de religiões falsas com um propósito — proporcionar o local necessário para um teste importante. Aqui, Jesus testaria a opinião deles em relação a Ele, na presença de outras "opções de fé". E, é aqui que Pedro passaria no primeiro teste com grande sucesso — somente para ser totalmente abalado por um fracasso, com o qual ele jamais contara.

## Uma questão poderosa com muitas respostas possíveis

Jesus deu a Seus discípulos um teste composto somente com duas questões. A primeira: "Quem diz o povo ser o Filho do homem?" (Mateus 16:13).

Era como ouvir o resultado de uma antiga Pesquisa de Opinião. De acordo com os Seus discípulos, as pessoas diziam que Jesus era:

- ***João Batista.*** Talvez estas pessoas reconhecessem que os temas de arrependimento e do reino, eram compartilhados por Jesus e João.
- ***Elias.*** Algumas pessoas, que testemunharam os milagres de Jesus, lembraram-se das histórias do Antigo Testamento sobre o ministério poderoso de Elias, e concluiram que Jesus era o profeta Elias que havia retornado à terra.
- ***Jeremias.*** O povo que assim pensava pode ter visto uma semelhança entre o ministério do "profeta chorão" e a profunda compaixão de Jesus, cujo cuidado pelas pessoas foi banhado em muitas lágrimas.
- ***Um dos profetas.*** Estas pessoas não queriam mencionar que Ele seria, mas sentiram que Jesus demonstrara as características dos grandes líderes espirituais de outrora.

O resumo dos discípulos a respeito da opinião do povo sobre a identidade de Jesus era comovente. Todas as opiniões eram favoráveis, embora nenhuma fosse adequada. Eles sabiam que as multidões estavam maravilhadas com os Seus milagres, mas mesmo aqueles que falavam bem de Jesus não compreendiam profundamente aquilo que viam.

Isto ainda acontece nos dias atuais, dois mil anos mais tarde. Quando a pergunta é feita, "Quem é Jesus?" as respostas são: "Um excelente professor, um homem bom, um exemplo moral, um líder religioso." Com muita frequência, a inexprimível maravilha e majestade da verdadeira identidade de Jesus não é compreendida.

Por essa razão, é fundamental que não ignoremos o que Jesus estava fazendo com Seus discípulos ao pé do Monte Hermon. Com as opções da opinião pública, ainda recente em suas mentes, e cercados pelos jardins dos deuses mundanos, Jesus fez uma segunda pergunta.

### Uma pergunta pessoal com uma só resposta
No livro de Mateus 16:15, Jesus perguntou-lhes sobre a Sua indentidade, não como mera informação, mas como um assunto muito pessoal. "Mas vós, continuou ele, quem dizeis que eu sou?" Sem comentar sobre as diferentes opiniões do público com referência a Ele, Jesus colocou esta questão aos Seus discípulos, a qual era a Sua intenção original.

O bem-estar eterno dos discípulos não iria fundamentar-se no conhecimento que tinham da opinião pública ou de uma cruz qualquer. O seu relacionamento com o Pai no céu, estaria ligado diretamente com o conhecimento que eles tivessem sobre quem Jesus era.

Os discípulos tinham crido em Jesus e se tornando seguidores do Mestre, porém precisavam compreender melhor e confessar quem Ele era, antes que a vida do Filho de Deus desse uma volta dramática que os estremeceria e confundiria. Por isso, Jesus pediu a opinião dos Seus discípulos: "Mas vós, continuou ele, quem dizeis que eu sou?"

A pergunta no grego é enfática. É como se Jesus dissesse: "Não repitam as multidões e suas especulações vazias. *E cada um de vocês, o que pensais?"* Wilbur M. Smith escreveu:

> Os milagres de Cristo tiveram dois objetivos fundamentais: em primeiro lugar, socorrer os feridos, doentes, escravos, para tornar saudáveis novamente homens e mulheres aleijados, libertar da escravidão do demônio, da perda auditiva, da falta de visão e dar capacidade para andar. Em segundo, para glorificar a Deus de tal forma que os homens reconhecessem que aquele que realizou estes milagres fora certamente enviado e aprovado por Deus.

Os discípulos entenderam a majestade daquele a quem tinham sido expostos? A sua visão a respeito de Cristo seria moldada pela opinião pública ou pelas evidências? Foi Pedro quem respondeu.

### A resposta oportuna para uma pergunta eterna

A resposta de Pedro foi a sua confissão de que Jesus era, de fato, o Messias há tanto tempo esperado. Assim ele declarou, "Tu és o Cristo, o Filho do Deus vivo" (Mateus 16:16).

Esta é a única resposta completa e perfeita a esta pergunta. Cada palavra aqui era clara e direta, formando uma declaração de fé bem compreensível.

- *O Cristo,* ou o Messias, destaca a posição de Jesus;
- *O Filho* demonstra a Sua divindade;
- *Do Deus vivo* o diferencia dos ídolos mortos do paganismo e coloca-o como fonte de toda vida — física, espiritual e eterna.

Surpreendentemente, o que fez a diferença entre a confissão de Pedro e a opinião pública não foram somente as evidências, mas o trabalho que Deus efetuou no coração dos discípulos para que sua fé se tornasse real — viva. Observe a resposta de Jesus:

*Bem-aventurado és, Simão Barjonas, porque não foi carne e sangue que to revelaram, mas meu Pai, que está nos céus (Mateus 16:17).*

A investigação, o estudo e a avaliação das evidências não são suficientes. Foi dito que entre Deus e o homem existe uma cortina impenetrável ainda desconhecida. Somente Deus pode afastar esta cortina e trazer para a pessoa o certo e inabalável conhecimento sobre quem é Jesus Cristo. Lembrem, as qualidades humanas serão sempre insuficientes. Esta é uma questão de descoberta pessoal, e tem implicações eternas.

Para Pedro, este foi um momento memorável. Pense sobre o quão longe ele chegou num período de tempo tão curto — de ser um pescador sem conhecimento teológico para ser um discípulo que proferiu a maior afirmação teológica da história. Seu progresso fora lento, mas sólido. Seu crescimento era o subproduto do seu comprometimento com Cristo, o qual produziu fruto de clareza mental tão profundo. Tudo que Jesus tinha feito com Pedro até este momento fora para trazê-lo a este momento de compreensão.

A vida de Pedro, no entanto, foi como uma corrida de patins com todos os seus altos e baixos. Seu inacreditável momento de discernimento dado por Deus foi rapidamente seguido por um fracasso que causou desapontamento. Imediatamente após a confissão de Pedro, Jesus começou a esclarecer o plano eterno do Pai — porém Pedro não estava preparado para isso.

## O FRACASSO DE PEDRO
### CAUSOU DESAPONTAMENTO

*Desde esse tempo, começou Jesus Cristo a mostrar a seus discípulos que lhe era necessário seguir para Jerusalém e sofrer muitas cousas dos anciãos, dos principais sacerdotes e dos escribas, e ser morto e ressuscitado no terceiro dia (Mateus 16:21).*

As palavras-chaves neste verso são: *era necessário seguir*. Esta é a ordem divina, a missão divina, e a prioridade divina. Não haverá olhar para trás, nem fuga do perigo. Jesus disse que *era necessário seguir* para Jerusalém, o lugar onde o perigo o aguardava. Este destaque intenso aplica-se ao resto do verso também:

- *Era necessário* sofrer muito.
- *Era necessário* ser morto.
- *Era necessário* ressuscitar no terceiro dia.

Observe que há dois aspectos para o sentimento de martírio de Jesus:

*A Realidade Humana.* Jesus tinha que sofrer como consequência natural de tudo aquilo que Ele tinha dito e feito. O povo estava rejeitando Sua mensagem cada vez mais, e os líderes religiosos estavam conspirando para livrarem-se dele. Esta era a inevitável consequência da mensagem radical que Ele tinha apresentado para os espiritualmente surdos, mudos e cegos.

*A Realidade Divina.* Jesus não era simplesmente uma pessoa dedicada a suportar heroicamente a rejeição humana. O conselho eterno da divindade se concretizava nele, levando-o ao sofrimento que seria seguido por uma ressurreição da morte de maneira dramática e vitoriosa.

Pedro não compreendeu isto, e respondeu errôneamente na mesma proporção como havia respondido acertadamente à pergunta de Jesus, "quem dizeis que eu sou?"

## SUA RESPOSTA ARROGANTE

*E Pedro, chamando-o à parte, começou a reprová-lo, dizendo: Tem compaixão de ti Senhor; isso de modo algum te acontecerá (Mateus 16:22).*

A atitude de Pedro revelou uma enorme cegueira pessoal. Sem compreender isto, seu coração estava cheio de presunção. Na cultura judaica do primeiro século, a expressão "Tem compaixão de ti; Senhor" era uma expressão violenta, emaranhada com ódio. Simão tinha acabado de confessar Jesus como Messias e Filho de Deus. E agora ele falava como se fosse o mestre e professor de Jesus! Sem dar-se conta, ele falava como se tivesse entendido a vontade de Deus melhor do que o Filho de Deus, a quem ele havia acabado de confessar.

Por quê? Obviamente, Pedro tinha seus próprios planos e ideias sobre o futuro. E o que Jesus havia acabado de dizer sobre sofrimento e morte parecia absolutamente impensável e impossível para ele.

Há uma lição aqui para todos nós. Muito de nosso viver e pensar está enraizado em nossas próprias expectativas pré-definidas. Com frequência, falhamos em compreender que os caminhos de Deus não são os nossos caminhos. Quando não permitimos que Deus seja Deus, e quando não vemos nossos sonhos ou alvos sendo cumpridos, somos propensos a reagir com presunção, como resultado da nossa própria amargura, ressentimento e ódio.

Um comentarista escreveu que a reação de Pedro essencialmente dizia: "Não foi para isto que eu me inscrevi, Senhor. Não era para ser desta forma. Era para haver uma coroação, não uma crucificação. Era para haver uma coroa de ouro, não uma coroa de espinhos. Era para haver um trono glorioso, não uma cruz infame. Este plano está errado, e para mim é inaceitável."

**A vibrante repreensão de Jesus**
*Mas Jesus, voltando-se, disse a Pedro: Arreda-te, Satanás! Tu és para mim pedra de tropeço, porque não cogitas das cousas de Deus e sim das dos homens (Mateus 16:23).*

Numa repreensão que deve ter ferido Simão em seu íntimo, Jesus chamou-o "Satanás", que significa adversário. Por quê? Porque Pedro estava fazendo a mesma coisa que Satanás tinha feito conforme Mateus 4, quando ele testou Cristo no deserto. Com as melhores das intenções, mas com terrível arrogância, ele, como o próprio Satanás, estava resistindo à cruz pela qual Jesus viera ao mundo.

Adicionalmente, Jesus se referiu a Pedro como "uma ofensa" (grego — *skandalon*), literalmente, um "obstáculo" — pedra de tropeço. A cruz foi planejada para ser uma pedra de tropeço para o mundo (veja 1 Coríntios 1:18; Gálatas 5:11), porém Simão Pedro inadvertidamente tornou-se uma pedra para o caminho de Cristo.

A reação de Pedro demonstra quão ele tinha se afastado de manter seu olhar nos pensamentos e propósitos do seu Messias e Mestre.

Apenas um pouco antes, Pedro falara a verdade sobre quem Jesus Cristo era. Porém agora, falou *contra* a verdade — reprovando Cristo e tornando-se uma pedra de tropeço.

Suponho que as palavras de Pedro poderiam ser vistas de várias maneiras, incluindo a possibilidade de que ele se indignou com a possibilidade de Jesus ter que sofrer, e só queria protegê-lo. Porém, a reação de Jesus demonstra claramente que as palavras de Pedro vieram de uma origem diferente — de um coração cheio de pensamentos presunçosos de autoconfiança e interesse próprio.

Tal coração é abastecido por afeição e inclinação natural ao invés de ser cheio do Espírito de Deus. Vê-se somente os interesses momentâneos do "meu", ao invés dos propósitos abrangentes de Deus.

Embora, nenhum de nós escolhesse, conscientemente, tal coração, tal como Pedro, podemos aprender e experimentar o caminho árduo que...

- alguém que concentra a sua atenção em Deus não pode ser egoísta.
- uma pessoa sensível a Deus não pode ser auto-enganadora.
- uma pessoa segundo os propósitos de Deus não pode ser individualista.

A inclinação natural de sua própria natureza humana fez Pedro assumir impensadamente o papel de reprovador do Filho de Deus. Tão absurdo quanto possa parecer, precisamos admitir que Pedro nos mostra como todos nós somos, no que se refere à submissão de nossos próprios corações à vontade e Palavra de Deus.

Aliar-se a Satanás, como fez Pedro, não significa limitar-se à busca consciente do misticismo, da prática oculta. É também o resultado inevitável de seguirmos nossas suposições pessoais ao invés de cuidadosamente seguirmos Cristo.

A experiência de Pedro sendo atingido pela repreensão de Jesus nos dá motivo para considerarmos as seguintes perguntas:
- Estou me submetendo à vontade de Deus neste momento — seja qual for?
- Estou me comprometendo a ser uma pedra útil sob o comando do Espírito de Deus, ao invés de permitir que minhas inclinações naturais se tornem obstáculos?
- O que motivará e comandará a minha vida: meus interesses, ou os de Deus?

Felizmente para Pedro, esta humilde e fragmentada correção que ele recebeu do seu Senhor foi bem aceita por seu espírito. Ele compreendeu a mensagem. De fato, à medida que os eventos da cruz se aproximavam, os quais Pedro queria desesperadamente evitar, seu compromisso de permanecer verdadeiro ao lado de Cristo, a todo o custo, somente se intensificava.

## ABALADO PELO FRACASSO NA PREPARAÇÃO

O LEMA DOS ESCOTEIROS traz uma verdade eterna: Esteja preparado. A preparação pode ocorrer de várias maneiras, por exemplo:
- Pode ter sido a preparação para tomar uma decisão sábia, o que caracterizou a lenda da fronteira americana, expressa no lema da vida de Davy Crockett: "Assegure-se de que você está certo; daí prossiga."

- Pode ser o tipo de preparação visto em Provérbios 6:6-8 ilustrado por uma formiga que trabalha duro para preparar-se para o inverno.
- Pode ser a preparação de um atleta que, através de sacrifício e autodisciplina, prepara-se mental, física e emocionalmente para uma competição.

Em cada caso acima, não há substituto para a preparação, e isto aplica-se também no viver pela fé. Nunca podemos consegui-la por nossas próprias forças. E quando tentamos, falhamos. Somente quando estamos devidamente preparados para os desafios da vida podemos enfrentá-los na graça de nosso Pai Celestial.

A noite anterior à cruz, Jesus por duas vezes advertiu Pedro do perigo que viria. Porém, Pedro ignorou Suas advertências. O resultado seria outro fracasso que o abalaria profundamente — desta vez para sempre. Vejamos como estes acontecimentos foram registrados em Lucas 22.

## O CUIDADO E PREOCUPAÇÃO DE JESUS

Depois dos eventos do cenáculo, os discípulos começaram a tentar influenciar outros por uma posição naquilo que eles esperavam ser o governo administrativo do tão esperado Messias. Após mais uma vez explicar que os líderes do Seu reino seriam servos de todos (Lucas 22:24-30), Jesus virou-se para Pedro e advertiu:

> *Simão, Simão, eis que Satanás vos reclamou para vos peneirar como trigo! Eu, porém, roguei por ti, para que a tua fé não desfaleça; tu, pois, quando te converteres, fortalece os teus irmãos (Lucas 22:31-32).*

Momentos difíceis estavam pela frente — difíceis demais para Simão. Assim nesta primeira advertência, Cristo deu a certeza e os meios para enfrentar aqueles tempos difíceis:

A *certeza* de que o próprio Jesus protegeria Pedro na provação que seguiria, pois mesmo que seu coração e coragem falhassem, sua fé resistiria.

Os *meios* para enfrentar aqueles tempos de lutas foi encontrado no exemplo do próprio Cristo. Ele já havia começado Sua própria preparação através da oração e tinha orado também pela proteção de Simão.

A segunda advertência veio quando eles chegaram ao Getsêmane. O próprio Jesus estava preparando-se novamente para os horrores do Calvário, orando ao Pai (Lucas 22:41-42). Porém, antes Ele disse aos Seus discípulos:

*Orai, para que não entreis em tentação (Lucas 22:40).*

A mensagem aqui é clara: Se o próprio Cristo necessitava de um tempo de oração para enfrentar as dificuldades por vir, quanto mais os discípulos necessitavam orar! Era tão importante que Jesus os advertiu uma segunda vez:

*Por que estais dormindo? Levantai-vos e orai, para que não entreis em tentação (Lucas 22:46).*

A oração não é um manto de segurança para os fracos de mente, nem sequer uma conversa insensata de pessoas incapazes de lutar pela vida. O tempo investido na presença do Pai nos prepara para desafios que provarão nossa fé nele — momentos que não poderíamos controlar por nossa própria força.

Vemos isto na vida de Pedro primeiramente pelo contraste. Mesmo tendo Jesus estimulado Pedro para orar antecipadamente, pela escuridão que estava vindo, Pedro logo adormeceu

— num momento crítico. Por não estar preparado, ele sofreu outro fracasso pessoal.

## O CORAJOSO POSICIONAMENTO E QUEDA DE PEDRO

Em 1 Coríntios 10:12 Paulo escreveu, "Aquele, pois, que pensa estar de pé veja que não caia." Ele poderia estar descrevendo Pedro — ou qualquer um de nós que pensamos poder vencer os testes da tentação espiritual por força de nossos próprios pensamentos ou desejos.

Em Lucas 22:31, vimos que Jesus avisou Pedro que ele estava para ser provado por Satanás. Porém ele respondeu à maneira típica de Simão:

*Senhor, estou pronto a ir contigo, tanto para a prisão como para a morte (Lucas 22:33).*

Jesus disse a Pedro que ele o negaria três vezes — abandonando-o em Sua hora mais difícil. Pedro deve ter pensado que Jesus não sabia quão leal ele estava determinado a ser.

Em poucas horas, Pedro demonstrou sua decisão. Quando Judas veio com um grupo de guardas armados para levar Jesus, Pedro puxou sua espada e começou a movimentá-la (Lucas 22:47-50; João 18:2-10).

Corajoso como era, Pedro mais uma vez percebeu que precisava do seu Professor, muito mais do que o seu Professor parecia precisar dele. Jesus disse para Pedro afastar a sua espada e, então miraculosamente, curou o servo, cuja orelha Pedro cortara com sua espada (Lucas 22:50-51; João 18:10-11).

As palavras calmas e as ações de Jesus, demonstraram que Pedro havia perdido o passo com o plano que Deus colocava em ação naquele momento. Naquela noite importante, não era necessário a força física, mas um coração entregue aos propósitos e poder do próprio Deus. Neste sentido, Pedro estava totalmente em desvantagem.

Lembre-se, Jesus tinha avisado Pedro de que tempos difíceis estavam por vir — uma vez saindo do Cenáculo e outra vez no Getsêmane. Porém, quando Pedro sacou sua espada, demonstrou uma autoconfiança que o deixou completamente despreparado para o que estava acontecendo.

Como isto aconteceu com Pedro? Talvez da mesma forma que acontece conosco. Pelo menos duas coisas contribuem para nossa falta de preparo:

- Nós *subestimamos* a natureza das situações da vida que nos podem oprimir num momento de desastre, e nossa própria capacidade de trair nosso Senhor em momentos sob pressão.
- Nós *superestimamos* nossa própria habilidade, inteligência e força, e não sentimos a necessidade da provisão dos recursos divinos que tão desesperadamente precisamos.

Para Pedro, isto resultaria em circunstâncias e fracassos pessoais que iriam feri-lo ainda mais do que aquilo que ele já havia experimentado.

Porém enquanto reconhecemos a falta de preparo de Pedro, certifiquemo-nos de não perder algo muito mais nobre em sua decisão. Quando ele puxou sua espada, estava provando sua disposição de ir à prisão ou até mesmo morrer por seu Mestre. Ele estava tentando viver pelo nome que Jesus lhe dera. Eu admiro sua atitude.

E para seu mérito, mesmo tendo os outros discípulos abandonado Jesus e fugido após Sua captura (Mateus 26:56; Marcos 14:50), Pedro tentou ficar forte. Ele seguiu o tumulto quando levaram Jesus para o pátio do sumo sacerdote (Mateus 26:58; Marcos 14:54; Lucas 22:54). Lá, entretanto, um Pedro fora de suspeita seria desafiado ainda mais duramente pelo cumprimento do prognóstico de Jesus sobre a negação.

A história de como Pedro amaldiçoou e negou que conhecia Jesus tem sido contada com frequência, e os detalhes não precisam ser repetidos aqui (veja Mateus 26:69-75).

Sua queda, entretanto, foi maior do que Pedro poderia imaginar. Lucas relata o que aconteceu enquanto as palavras da última traição, escaparam da boca de Pedro...

*Então, voltando-se o Senhor, fixou os olhos em Pedro, e Pedro se lembrou da palavra do Senhor, como lhe dissera: Hoje, três vezes me negarás, antes de cantar o galo. Então, Pedro, saindo dali, chorou amargamente (Lucas 22:61-62).*

Trágico. Mais trágico por ser desnecessário. Se ele somente tivesse orado. Se ele somente tivesse se preparado. Se ele somente tivesse prestado atenção às advertências do Mestre.

Este caso exemplifica como a falta de preparo conduziu a um profundo arrependimento. E nós faríamos bem em aprender com os erros de Pedro. O professor de ensino bíblico, G. Campbell Morgan, escreveu certa vez:

> Houve uma época no início do meu ministério, quando teria apreciado 15 minutos [dando uma lição em] Simão. Porém agora não. Não estou isentando-o da culpa; mas se eu investigar meu próprio coração, não ficarei surpreso. Parei de criticá-lo porque tornou-se evidente para mim que Jesus também não o criticou. Ele entendeu. Jesus nunca desistiu de Pedro.

O colapso que Pedro sofreu não era incomum. De fato, o colapso que todos nós enfrentamos ocorre quando decidimos que somos ricos, fortes, e não precisamos de nada — como a Igreja de Laodiceia (Apocalipse 3:14-22). A autossuficiência nos torna independentes — e então nos enfraquece. Devemos entender plenamente:

- Palavras de Paulo: "Porque eu sei que em mim, (isto é, na minha carne), não habita bem nenhum" (Romanos 7:18).
- Palavras de Jeremias: "Enganoso é o coração, mais do que todas as cousas, e desesperadamente corrupto; quem o conhecerá?" (Jeremias 17:9).
- Palavras de Jesus: "Porque sem mim nada podeis fazer" (João 15:5).

Se nós verdadeiramente compreendermos nossa própria imperfeição, será mais fácil lembrar as palavras de Paulo:

*Não vos sobreveio tentação que não fosse humana; mas Deus é fiel e não permitirá que sejais tentados além das vossas forças; pelo contrário, juntamente com a tentação, vos proverá livramento, de sorte que a possais suportar (1 Coríntios 10:13).*

Pedro falhou em preparar-se fazendo uso dos seus recursos espirituais, escolhendo a autossuficiência. Como resultado, ele experimentou o colapso de uma vida inteira. O abalo sísmico que sacudiu Pedro interiormente foi um fracasso que, em termos humanos, não deveria ter acontecido — caso Pedro tivesse confiado mais nos conselhos de Cristo e menos em seus próprios recursos.

## A VIDA É UMA JORNADA

PEDRO É BEM PARECIDO conosco. Bem no final dos seus três anos com Jesus, ele lutou com o fracasso.

No entanto, como expressão da maravilhosa graça de Deus, o Cristo ressurreto buscou Pedro e restaurou Seu amigo para uma vida inteira de serviço proveitoso.

Como resultado da restauração de Pedro, nós o vemos justamente dez dias após a ascensão de Jesus ao céu, pregando o grande sermão no Dia de Pentecostes, durante o qual três mil pessoas entregaram suas vidas para o Senhor ressuscitado (Atos 2:41). Ele demonstrou coragem nascida da habitação do Espírito Santo em sua vida declarando, corajosamente, a ressurreição de Cristo para muitas pessoas que tinham conspirado para crucificar o Filho de Deus.

Contudo, ele também continuou a batalha com o seu próprio coração. Em Gálatas 2:11, Pedro foi repreendido por Paulo por ter-se aliado a homens que ele sabia estarem desviados. Pedro, no entanto, sobrepor-se-ia aos seus fracassos e viveria sua vida para o serviço do Cristo vivo.

Anos mais tarde, talvez refletindo sobre tantas batalhas espirituais que perdera, Pedro escreveu:

*Sede sóbrios e vigilantes. O diabo, vosso adversário, anda*
*em derredor, como leão que ruge procurando alguém*
*para devorar; resisti-lhe na fé, certos de que sofrimentos*
*iguais aos vossos estão-se cumprindo na vossa irmandade*
*espalhada pelo mundo (1 Pedro 5:8-9).*

As lições do Getsêmane finalmente se realizaram e Pedro podia usar suas dolorosas lições de vida e nos proporcionar a sabedoria registrada nas duas cartas escritas por ele e, na opinião de muitos estudiosos, os relatos do evangelho de Marcos das suas próprias experiências com Jesus Cristo. Em 2 Pedro 1:1-13 é como se Pedro estivesse refletindo sobre os episódios de fracasso mostrando um caminho para o crescimento e dependência espiritual — lições aprendidas através de dor e fracasso. E, de fato, suas palavras finais são uma lembrança escrita de como é fácil tropeçar e cair.

*Vós, pois, amados, prevenidos como tais de antemão, acautelai-vos; não suceda que, arrastados pelo erro desses insubordinados, decaiais da vossa própria firmeza; antes, crescei na graça e no conhecimento de nosso Senhor e Salvador Jesus Cristo. A ele seja a glória, tanto agora como no dia eterno (2 Pedro 3:17-18).*

Pedro estava nos relembrando que aproximar-se de Cristo é um acontecimento, porém, tornar-se como Jesus é uma jornada. Ao longo do caminho, teremos altos e baixos, como Simão Pedro, mas podemos confiar na força de Cristo para nos capacitar a sermos úteis — apesar de nossas falhas humanas e inadequações. Podemos crescer na graça de Cristo e no conhecimento. Em oração, podemos encontrar Sua misericórdia e graça para nos ajudar em nossos próprios momentos de necessidade (Hebreus 4:16).

O viver cristão é uma batalha que dura a vida inteira — porém, é uma batalha que vale a pena lutar. Será totalmente válida, como diz o cântico, *Dia Glorioso*, "…Quando lá do céu descer! Estejamos prontos, jubilosos, o Senhor a receber!" (C.C. 113). "Sabemos que, quando ele se manifestar, seremos semelhantes a ele, porque haveremos de vê-lo como ele é" (1 João 3:2) — e a batalha será finalmente vencida, em Jesus.

# CONCLUSÃO

## A FÉ VERDADEIRA E A FÉ ENGANOSA

No início deste livro convidamos você leitor a caminhar conosco numa jornada espiritual, examinando as vidas de pessoas reais que Deus usou e guiou. Analisamos a jornada de fé de Jonas, José, Moisés, Davi, Manassés, Daniel e Pedro. Vimos como em alguns momentos de suas vidas fracassaram ou venceram devido às suas escolhas de fé. No entanto não podemos terminar sem ajudá-lo a perceber o que é fé e o que significa ter fé. Com essa percepção, cremos que você estará melhor equipado para começar a sua jornada de fé.

É possível ter uma fé enganosa? É suficiente apenas crer em algo? Se esse for o caso, uma ideia religiosa não é tão boa quanto outra qualquer? O que torna uma fé verdadeira? Com tantas vozes que nos convidam a confiar em suas mensagens, em qual acreditar? Uma coisa é comprar manteiga — talvez não importe a marca na qual confiamos. Contudo, pode ser diferente se a escolha for entre um conselheiro financeiro ou um cirurgião cardíaco. Definitivamente, se fosse necessário escolher um paraquedas, as suas características fariam toda a diferença. O mesmo ocorreria se decidíssemos crer ou não a respeito da vida e da morte.

O objeto da sua crença determina se a sua fé é verdadeira ou enganosa: no que você crê?

- A fé verdadeira não é apenas uma sensação aconchegante de segurança.
- A fé verdadeira não é uma esperança cega, selvagem e irracional.
- A fé verdadeira não é um fim em si mesma.
- A fé verdadeira não se fundamenta na imaginação de uma pessoa.

Desse modo, a conclusão é a seguinte: A veracidade da fé é determinada por seu objeto. Sua fé é correta se você colocar sua confiança naquilo que é correto.

Há séculos, as pessoas lutam com a questão da fé. Cometeram-se trágicos erros ao confiar em pessoas e coisas que falharam. Como os passageiros do Titanic ou os seguidores de Jim Jones e David Koresh, líderes de seitas religiosas — todos tiveram uma fé enganosa.

Porém, muitas vezes, é isso que o homem faz. Não sabe em quem ou em que confiar.

## A FÉ ENGANOSA

As pessoas sempre crerão em alguma coisa. Entretanto, nas histórias dos personagens deste livro percebe-se que as pessoas frequentemente colocam sua fé em algo errado, que não merece a sua confiança ou lealdade. Acontecia dessa maneira quando os pagãos, na antiguidade, inventavam seus próprios deuses de madeira e pedra, e acontece ainda hoje com a multiplicação dos conhecimentos científicos e grandes realizações tecnológicas.

Hoje, o homem procura em diversas direções algo em que possa crer. Infelizmente, acaba colocando sua fé em si e em seus próprios métodos, filosofias e sistemas de crenças.

Por fim, a fé enganosa está alicerçada no homem, o que é um erro, pois este é finito, a sua compreensão limita-se a si mesmo e ele é pecaminoso por natureza.

As crenças que se originam no homem, dependem dele e terminam nele, são contrárias aos ensinamentos da Bíblia. A razão de nossa fé: Jesus Cristo — descobrimos nele o verdadeiro motivo da nossa fé.

## CRISTO É O VERDADEIRO MOTIVO DA FÉ
Mesmo sob perspectiva humana, Jesus era o tipo de pessoa em que todos desejam crer. Um mestre sábio. Ele tinha tanto poder e magnetismo pessoal que multidões o seguiam. Era um homem com princípios sólidos e caráter impecável; falou com autoridade e rejeitou os religiosos da época, e era um homem de verdade, integridade, oração e paciência. Sim, era o tipo de homem em quem se podia crer. Porém, o mais importante é que Jesus é Deus, e tornou-se a razão aceitável da nossa fé. Na Palavra revelada de Deus é que encontramos a causa certa da fé: Jesus Cristo.

## SUA DIVINDADE
Reflita sobre as indicações bíblicas de que Cristo é Deus:

*No princípio era o Verbo [Jesus Cristo], e o Verbo estava com Deus, e o Verbo era Deus (João 1:1). E o Verbo se fez carne e habitou entre nós, cheio de graça e de verdade, e vimos a sua glória, glória como do unigênito do Pai (João 1:14).*

Ninguém jamais viu a Deus; o Deus unigênito [Jesus Cristo], que está no seio do Pai, é quem o revelou (v.18).

*Mas acerca do Filho [Jesus Cristo]: O teu trono, ó Deus [o Pai], é para todo o sempre (Hebreus 1:8).*

Quando Jesus nasceu, a segunda pessoa da Trindade eterna se fez homem. Sem perder Sua divindade adotou nossa natureza humana. (Filipenses 2:5-11). Ainda que seja difícil de entender, a divindade de Jesus se apresenta claramente nas Escrituras (Isaías 9:6; Mateus 26:63-65; João 10:30; 14:9; 17:11; Colossenses 1:15; Hebreus 1:3).

Por Jesus ser Deus, a fé depositada nele é inabalável. Considere o seguinte:
- Cristo é eterno (João 1:1; 17:5).
- Cristo é onisciente (João 16:30; 21:17).
- Cristo é Todo-poderoso (João 5:19).
- Cristo é imutável (Hebreus 13:8).
- Cristo é onipresente (Mateus 18:20; 28:20).
- Cristo é o Criador de todas as coisas (Colossenses 1:16).
- Cristo é quem sustenta todas as coisas (Hebreus 1:3).

A fé enganosa fundamenta sua confiança naquilo que é finito, inconstante, limitado em conhecimento e poder. O contraste é óbvio!

## Sua Atuação

A fé em Jesus Cristo é fortalecida quando consideramos o que Ele fez, o que está fazendo e o que fará por todos nós. Por exemplo:
- Cristo se fez homem para nos resgatar da morte eterna (Filipenses 2:5-8; Hebreus 2:9).
- Cristo viveu como homem para nos dar o exemplo (1 Pedro 2:21, 1 João 2:6).
- Cristo sofreu e morreu para nos libertar da punição do pecado (Marcos 10:45; Hebreus 9:26-28).
- Cristo ressuscitou, provando assim Sua vitória sobre a morte e Seu poder para dar vida eterna (Romanos 6:8-11; 1 Coríntios 15:20-22).
- Cristo está no céu preparando um lar eterno para os que confiam nele (João 14:2).
- Cristo intercede a favor de Seus filhos (Romanos 8:34; Hebreus 7:25).

O momento de escolher confiar em Jesus, transformá-lo na razão da sua fé é agora. Paulo escreveu:

"...eis, agora, o tempo sobremodo oportuno, eis, agora, o dia da salvação" (2 Coríntios 6:2).

Você pode aceitá-lo como Salvador pessoal neste momento, inclinando sua cabeça e orando como o exemplo a seguir:

*Senhor, sei que sou pecador e que com as minhas forças nada posso fazer para agradar-te ou para ganhar a vida eterna. Creio que tu me amas e que enviaste o Teu Filho para morrer na cruz para ser punido pelo meu pecado. Coloco agora minha fé em ti e confio completamente em Jesus Cristo para me resgatar. Quero abandonar meu pecado e deixar que tomes o controle da minha vida. Salva-me e sê o meu Senhor. Amém.*

Se você fez esta oração com toda a sinceridade, pode dizer: "Agora minha fé é verdadeira!"

## QUAL A MEDIDA DE FÉ NECESSÁRIA?

Qual a quantidade de fé que uma pessoa precisa ter para:
- Saltar com paraquedas de um avião?
- Casar-se?
- Atravessar uma ponte perigosa?
- Sentar-se em uma cadeira?
- Subir em uma montanha russa?
- Entrar num bote salva-vidas?
- Converter-se ao cristianismo?

Em cada um destes casos, você poderia se sentir confiante ou temeroso até certo ponto. Mas, como essas emoções seriam indicadores adequados da fé? Você poderia estar assustado e ainda sim saltar de paraquedas. Ou poderia sentir-se muito confiante e decidir não saltar. A fé é mais do que um sentimento.

A fé é primeiramente uma decisão de confiar em algo ou alguém com base em informações disponíveis. Esta decisão envolve o conhecimento de verdades essenciais, aceitação pessoal desses fatos como verdadeiros e valiosos, e o compromisso de viver de acordo com essas crenças.

Por exemplo, quanta fé seria suficiente para que você atravessasse uma ponte em um desfiladeiro? Primeiro, reuniria os dados importantes para avaliar a confiabilidade estrutural da ponte. E, se concluísse ser seguro, atravessaria.

A fé bíblica funciona de maneira semelhante. Primeiro, deve-se aprender as informações da Bíblia a respeito de Deus, o homem, pecado e Jesus Cristo (Atos 10:34-43; Romanos 10:17). E, uma vez confirmados como certos e verdadeiros os dados, dependentes de uma resposta pessoal, deve-se tomar a decisão de crer no que Deus disse e confiar em Jesus como a única esperança de perdão e vida eterna (João 10:9; Atos 20:21).

Pode ser que você questione a quantidade de fé necessária após colocar sua confiança em Cristo para a salvação. É preciso uma grande fé em Deus para superar as provações da vida?

A resposta para essa questão tem a ver com o objeto certo. Jesus disse aos Seus discípulos que a fé em Deus, ainda que do tamanho do grão de uma mostarda, seria suficiente para mover uma montanha (Mateus 17:20). A quantidade de fé não é o problema, antes — a razão da nossa fé que determina sua eficiência.

## EXAMINE SUA FÉ

Neste livro falamos sobre a fé verdadeira. Invista um momento para avaliar sua fé, marcando os espaços adequados.

- ❏ Minha fé **não** está em minha capacidade de controlar meu destino.

- ❏ Minha fé **não** está em meu bom nome e meu estilo de vida.

- ❏ Minha fé **não** está em minha igreja e em seus cultos.

- ❏ Minha fé **não** está em minha capacidade de autossuperação.

- ❏ Minha fé **não** está em minha capacidade de afastar os pensamentos negativos em meu viver.

- ❏ Minha fé **não** está em minha sinceridade.

- ❏ Minha fé **não** está em meu poder interno de usar os recursos divinos.

- ❏ Minha fé **está** em Jesus Cristo.

*Ora, a fé é a certeza de coisas que se esperam, a convicção de fatos que se não vêem. Pois, pela fé, os antigos obtiveram bom testemunho (Hebreus 11:1,2).*

*Portanto, também nós, visto que temos a rodear-nos tão grande nuvem de testemunhas, desembaraçando-nos de todo peso e do pecado que tenazmente nos assedia, corramos, com perseverança, a carreira que nos está proposta, olhando firmemente para o Autor e Consumador da fé, Jesus, o qual, em troca da alegria que lhe estava proposta, suportou a cruz, não fazendo caso da ignomínia, e está assentado à destra do trono de Deus. Considerai, pois, atentamente, aquele que suportou tamanha oposição dos pecadores contra si mesmo, para que não vos fatigueis, desmaiando em vossa alma (Hebreus 12:1-3).*

Lembre-se, quando se trata do seu destino eterno, é essencial confiar na pessoa certa. Se você colocou sua fé em Jesus Cristo, com certeza a sua fé é verdadeira.